Heinzpeter Hempelmann
Wahrheit ohne Toleranz –
Toleranz ohne Wahrheit?

W0066507

Heinzpeter Hempelmann

Wahrheit ohne Toleranz – Toleranz ohne Wahrheit?

Chancen und Grenzen des Dialogs mit Andersgläubigen

R. BROCKHAUS VERLAG WUPPERTAL UND ZÜRICH

TVG-ORIENTIERUNG

Herausgegeben von Helmut Burkhardt,
Reinhard Frische und Gerhard Maier.

Begründet 1973 von Klaus Bockmühl (1931-89) unter dem Namen
»Theologie und Dienst«.

Die Theologische Verlagsgemeinschaft (TVG) ist eine Arbeitsgemeinschaft
der Verlage R. Brockhaus Wuppertal und Brunnen Gießen.
Sie hat das Ziel, schriftgemäße theologische Arbeiten zu veröffentlichen.

Dieser Titel erscheint zugleich als Heft 127 der Schriftenreihe
des Amtes für missionarische Dienste in Württemberg.

Die Deutsche Bibliothek – CIP-Einheitsaufnahme

Hempelmann, Heinzpeter:
Wahrheit ohne Toleranz – Toleranz ohne Wahrheit? : Chancen
und Grenzen des Dialogs mit Andersgläubigen / Heinzpeter
Hempelmann. – Wuppertal; Zürich: Brockhaus, 1995
(TVG: Orientierung)
ISBN 3-417-29068-6

© 1995 R. Brockhaus Verlag Wuppertal und Zürich
Umschlaggestaltung: Carsten Buschke / Friedhelm Grabowski
Umschlaggrafik: Sigi Gwosdz, Essen
Gesamtherstellung: Breklumer Druckerei Manfred Siegel KG
ISBN 3-417-29068-6

INHALT

GELEITWORT

In unregelmäßigen Abständen gibt das Amt für missionarische Dienste der Ev. Landeskirche in Württemberg in der sogenannten »Gelben Reihe« Hefte zu Fragen des Gemeindeaufbaus und der missionarischen Verantwortung heraus, die den Pfarrämtern der Württembergischen Landeskirche und dem Freundeskreis des Amtes für missionarische Dienste zugeschickt werden.

Das neue Heft Nr. 127 ist umfangreicher geworden und liegt jetzt in der Form eines kleinen Buches vor, das auch über den Buchhandel bezogen werden kann.

Der Beitrag von Dr. Heinzpeter Hempelmann will keine grundsätzliche Stellungnahme zum Phänomen der Religion aus biblischer Sicht sein. Es geht um die Klärung von theologischen und philosophischen Grundfragen des vielfach propagierten Dialogs zwischen den Religionen, der – gemessen an der Heiligen Schrift – verantwortbar geführt werden muß. So wird in diesem Heft einiges deutlich über das Wesen des christlichen Glaubens und die Eigenart anderer Religionen.

Die Bilder veranschaulichen bereits in der Art der Darstellung, wie das Evangelium in der Begegnung mit nichteuropäischen Kulturen und Traditionen einen lebendigen künstlerischen Niederschlag findet. Der Glaubens- und Lebensdialog mit anderen Religionen und Kulturen wird von der christlichen Gemeinde im Zeichen der ureigenen »missio Dei« seit Generationen kreativ und fruchtbar geführt – bis hinein in derartige künstlerische Lebensäußerungen. Die Bilder sind bewußt unkommentiert gelassen, um zu eigenem Weiterdenken anzuregen.

Besonderer Dank gebührt den Herren Dr. Heiko Hörnicke, Münsingen, und Pfarrer Rolf-Alexander Thieke, Uhldingen, die durch kritische Anregungen wesentlich zur Gestaltung des Heftes beigetragen haben.

Wir hoffen, daß dieses Büchlein eine Hilfe ist, wenn dieses Thema in Kreisen der Gemeinde – und darüber hinaus – angesprochen wird.

Stuttgart, am Israelsonntag 1995   *Pfarrer Manfred Bittighofer*
Amt für mission. Dienste im
Ev. Gemeindedienst für Württemberg

Vorbemerkung

Es gibt mehrere Formen des Dialogs zwischen den Religionen. Wenn man vom »Interreligiösen Dialog«, also dem Dialog zwischen den Religionen, spricht, dann denkt man unwillkürlich an eine Konferenz von Gelehrten, die sich an einem runden Tisch zusammenfinden. Sie diskutieren dann, worin sich die verschiedenen Religionen einig sind, was sie unterscheidet und wie bzw. ob man gegebenenfalls eine Annäherung erreichen kann. Von diesem »Dialog der Köpfe« ist ein Lebensdialog zu unterscheiden. Er findet überall dort statt, wo Menschen mit verschiedenen religiösen Überzeugungen und Verhaltensweisen aufeinandertreffen und zusammenleben wollen und müssen. Dieser Lebensdialog ist Dialog im Leben, im Alltag. Er vollzieht sich als Begegnung von Menschen, nicht als Diskussion über religiöse Vorstellungen.

Alltagsdialog

In der Bundesrepublik Deutschland findet dieser Dialog noch dazu unter ganz bestimmten Bedingungen statt. Die großen Kirchen haben ihre weltanschauliche Monopolstellung eingebüßt. Wir leben faktisch und bewußtseinsmäßig in einer multikulturellen, vor allem aber multireligiösen Gesellschaft. Dies gilt auch dann, wenn wir nicht direkt muslimische Nachbarn oder Arbeitskollegen haben oder mit Angehörigen einer esoterischen Spiritualität befreundet sind. Die postmoderne Lebenseinstellung des »anything goes!«: »Erlaubt ist, was gefällt!«, gilt zunehmend mehr auch für den Bereich, der eigentlich am wenigsten subjektiver, persönlicher Beliebigkeit ausgesetzt sein sollte: das Verhältnis des Menschen zu Gott. Denn hier soll ja ein Halt vermittelt werden, der von umfassender, überindividueller Bedeutung ist. Der amerikanische Religionssoziologe K. L. Berger spricht vom »Zwang zur Häresie«[1]. Ein solcher Zwang zur Häresie, also zu einer theologisch nicht akzeptablen Haltung oder Lehre liegt ja genau dann vor, wenn der einzelne aus der breiten

Angebotspalette des religiösen Supermarktes das *wählen* soll, was ihm doch letzten Halt geben, letzte Verbindlichkeit vermitteln soll. Dieses müßte aber doch eigentlich jenseits aller Beliebigkeit persönlicher Entscheidung stehen!

Die sogenannten »Großkirchen« büßen ihre Bindekraft und religiöse Autorität immer mehr ein. Umgekehrt wächst der Markt an religiösen Alternativen. In diesem Klima gedeiht eine neue, eine andere, eine postmoderne Dogmatik. Gerade weil man die traditionellen – christlichen – Dogmen für nicht mehr verpflichtend, für nicht mehr allgemeingültig hält, vertritt man nun vielfach neue Grundsätze für das Verhältnis der Religionen und Weltanschauungen zueinander, und zwar genauso energisch, wie man die alten Dogmen ablehnt.

Postmoderne Dogmen

Zu dieser postmodernen Dogmatik gehören Grundsätze, die für viele Menschen selbstverständlich Geltung zu besitzen scheinen, wie z.B.:

– Man muß vor allem tolerant sein und den anderen stehen lassen. Gemeint ist: Man darf die Meinung des anderen nicht bestreiten, denn sonst greift man ja seine Person an.

– Alle Proklamation, jede Beanspruchung von Wahrheit ist intolerant, weil sie »andere ausschließt«. Gibt es denn nur *eine* Wahrheit? Gibt es nicht viele Wahrheiten? Zeigen uns das nicht andere Religionen, die zudem viel toleranter sind als das Christentum?

– Wahrheit zu beanspruchen zeugt aber nicht nur von einem beschränkten Horizont. Es ist vor allem »fanatisch«, »gefährlich«, ja: »fundamentalistisch«. Ist es nicht notwendig so: Wer meint, die Wahrheit zu kennen, »geht über Leichen«?

– Und überhaupt: Glauben nicht alle an denselben Gott? Geht es nicht letztlich in den Religionen um dasselbe? Haben sie nicht im Prinzip dieselbe Basis und dieselben Überzeugungen, nur in einem unterschiedlichen, durch die jeweilige Kultur bedingten Gewand? Muß man dann aber um die bloße Einkleidung streiten, wenn das, was der Inhalt, der Kern, das Eigentliche ist, letztlich identisch ist? Ist das Christentum nicht letztlich kleinlich, borniert und engstirnig, wenn es für den biblischen Gott einen Alleingeltungsanspruch erhebt? Stecken dahinter nicht bloß überkommene und heute überholte religiöse Privilegien der christlichen Kirchen?

– Haben die Religionen heute nicht Besseres zu tun, als sich voneinander abzugrenzen? Müssen sie nicht ihre kleinkarierten Unterschiede überwinden und ihre gemeinsamen ethischen Aufgaben entdecken, wie z.B. Gerechtigkeit, Weltfrieden und Bewahrung der Schöpfung? Sind nicht diese ethischen Fragen das Entscheidende? Muß demgegenüber alles bloß Dogmatische nicht zurückstehen? Handelt es sich hierbei nicht bloß um einen kulturell bedingten Überbau?

Der Alleingeltungsanspruch Christi in der Krise

Dies sind nicht bloß Fragen. Es sind rhetorische Fragen. Es sind Überzeugungen, die eine große suggestive Kraft besitzen. Sie bestimmen weithin das öffentliche Bewußtsein, und sie stellen zugleich den christlichen Glauben elementar und fundamental in Frage. Die Theoretiker einer pluralistischen Religionstheorie, vor allem Paul Knitter[2], bringen nur auf den Begriff, was sich vielen Zeitgenossen als nahezu selbstverständliche Überzeugung aufdrängt: Der christliche Glaube ist eine Religion unter vielen anderen. Sein Absolutheitsanspruch ist geschichtlich überholt. Das Christentum hat seinen Platz im Rahmen der anderen Religionen, mit denen es sich friedlich und ohne überhebliche Überzeugungen verständigen soll. Der Alleingeltungsanspruch Jesu stört da nur. Daß nur er der Weg zu Gott ist, läßt sich nicht mehr halten. Für viele ist das schon deshalb so, weil es einfach unfein wäre, so etwas heute noch zu vertreten.

Wer sich mit diesen *neuen*, ebenso selbstverständlich geltenden wie z.T. fanatisch vertretenen *Dogmen* auseinandersetzen will, darf die Anstrengung des Begriffs und die Mühe des Denkens nicht scheuen.

Es gilt, diese neuen Dogmen auf ihre Tragfähigkeit hin zu befragen und dabei eine Position zu finden, die den – notwendigen – Dialog mit den Angehörigen anderer Religionen (und Weltanschauungen) nicht verstellt, sondern ihn im Gegenteil erst auf eine solide, tragfähige Basis stellt. Nur so werden Christen der Aufgabe gerecht, auch in einer nachchristlichen Gesellschaft vernünftig Rechenschaft abzulegen über die Hoffnung, die in ihnen ist (1. Petrus 3,15).

Notwendige Verzichtserklärungen

Es wird sich zeigen, daß die in der Postmoderne eingeklagte Bescheidenheit selbst höchst unbescheiden ist; daß die propagierte Toleranz selbst höchst intolerant daherkommt und daß das, was als Maßgabe für den Dialog der Religionen so einleuchtend und vernünftig zu sein scheint, höchst unvernünftig, ja noch nicht einmal vernünftig zu denken, geschweige denn zu praktizieren ist.

Die folgenden Überlegungen über die Bedingungen und Möglichkeiten eines interreligiösen Dialogs haben darum die herausfordernde Gestalt von vier Verzichtserklärungen. Diese sollen den Dialog nicht unmöglich, sondern im Gegenteil erst möglich und wahrhaftig machen. Verzicht ist immer schmerzlich; aber er ist geboten, wenn und wo die Gefahr droht, daß ein Mensch sich übernimmt und sich wie anderen zuviel zumutet. Diese vierfache Aufforderung zum Verzicht darum ist auch eine Erinnerung des Menschen an sein Menschsein und an die darin liegenden Möglichkeiten wie Grenzen. Insofern diese Aufforderungen zum Verzicht die Teilnehmer des Dialogs daran erinnern, daß sie nicht Gott, sondern nur Menschen sind, besitzen diese Spielregeln schon im Ansatz einen spezifisch christlich(-jüdischen) Charakter. So gehört es nach der Bibel zur Ursünde des Menschen, sich zu überheben und zu übernehmen. Diese Urversuchung des Menschen, sein zu wollen wie Gott und »zu erkennen Gutes und Böses« (1. Mose 3,5), beinhaltet eben auch: alles aus göttlicher Perspektive einsehen zu können und seiner mächtig zu sein.

Daß die folgenden Verzichtserklärungen spezifisch christlich(-jüdisch) sind, heißt natürlich, daß sie nicht von allen anderen Teilnehmern eines solchen Dialogs von vornherein geteilt werden (können). Das spricht aber nicht *gegen* diese Bedingungen, sondern im Gegenteil *für* sie – werden hier doch die unverwechselbare und kennzeichnende, insofern unverzichtbare Eigenart, die besondere Ausprägung und die spezifischen Gegebenheiten eines jeden Standpunktes sichtbar. Diese können nicht einfach übersprungen werden, sondern besitzen für die Teilnehmer jeweils eine ganz spezifische Bindewirkung. Schon die *unterschiedliche* Bestimmung der Bedingungen, Möglichkeiten und Grenzen eines interreligiösen Dialogs ist also bereits Zeichen dessen, daß wir – wie oben festgestellt – bloß Menschen sind: endlich, individuell, orts- und zeitgebunden – und eben nicht Gott!

I. Abstieg vom Olymp –
Verzicht auf den Gottesstandpunkt

a) Kennzeichen des »Gottesstandpunktes«

Mit dem Stichwort »Gottesstandpunkt«, »Gottesperspektive« etc. spießt die moderne analytische Philosophie eine erkenntnistheoretische Anmaßung des Menschen auf.[3] Einen »Gottesstandpunkt« nimmt – scheinbar – ein,

- wer für seine eigenen Aussagen und Beobachtungen oder auch für die eigenen Normen (Verhaltensanweisungen) einen »über«-legenen Standpunkt beansprucht;
- wer wähnt, eine absolut gültige Position oberhalb der bloß bedingten Standpunkte der anderen erklommen zu haben, wer also mehr oder weniger unverhüllt mit dem Anspruch auftritt: Was andere gedacht und für richtig gehalten haben, war durch die Umstände bedingt, ist durch die Geschichte erklärbar, in der sie sich bewegt haben; ich stehe außerhalb und oberhalb von diesen Bedingtheiten;
- wer meint, nicht nur eine solche Überschau, sondern auch noch eine Wesensschau zu besitzen: das *Wesen* einer Sache bestimmen und auf den Begriff bringen zu können;
- wer beansprucht, sich auch außerhalb der eigenen Traditionen und ihrer religiösen Bindungen stellen zu können.

Der Anmaßung eines solchen »Gottesstandpunktes« begegnet man z.B. immer dort,

- wo jemand *das Wesen* nicht nur seiner eigenen Religion, sondern eben aller Religionen zu definieren weiß;
- wo jemand die Einheit aller Religionen jenseits ihrer empirischen, geschichtlichen Wirklichkeit zu bestimmen weiß;
- wo jemand gar Kriterien kennt, die ihn dazu befähigen, zwischen wahr und falsch, gut und böse *in* den Religionen zu unterscheiden; wo also jemand letztlich sogar »über« den Religionen mit ihren Wahrheitsansprüchen steht, weil er die Kompetenz beansprucht, sie beurteilen zu können;

– wo jemand beansprucht, zwischen der Perspektive als Beteiligter (Gläubiger) und als Unbeteiligter (Wissenschaftler) trennen zu können, und also für sich einen dritten Standpunkt jenseits dieser Perspektiven reklamiert;
– wo jemand etwa fordert, für den Teilnehmer am interreligiösen Dialog könnten die Wahrheitskriterien der eigenen Religion nicht bindend sein; wo also unterstellt wird, es gäbe einen Standpunkt jenseits oder oberhalb des eigenen religiösen Bekenntnisses; einen Standpunkt, von dem aus man dieses Bekenntnis als dessen Vertreter ins Spiel bringen könnte, ohne doch selbst an es gebunden zu sein.

Die Beispiele ließen sich fortführen.

b) Der Gottesstandpunkt als Anmaßung

Es wird sich zeigen, daß ein solcher Gottesstandpunkt von vielen eingenommen oder besser beansprucht wird, die sich für Modelle eines Dialogs der Religionen, der Annäherung und Verschmelzung der religiösen Wahrheiten einsetzen oder letztlich voraussetzen, alle Religionen meinten im Prinzip dasselbe.

Die Beanspruchung eines solchen »Gottesstandpunktes« – gleich durch wen – ist nun aus drei Gründen äußerst problematisch.

1. Philosophische Kritik: Abstraktion und Wesensschau als Illusion

Ein solcher Anspruch auf eine »Position oberhalb aller Bedingtheiten« oder gar auf eine Wesensschau ist schon rein philosophisch nicht zu rechtfertigen. Es ist eine theologisch bedeutsame Errungenschaft moderner philosophischer, speziell erkenntnistheoretischer Forschung, daß uns vor allem die Wissenschaftstheorie und Sprachphilosophie zu einer bisher kaum gekannten Demut und Bescheidenheit anhalten[4]. Die moderne Philosophie steht den steilen Erkenntnisansprüchen früherer Tage sehr skeptisch gegenüber. Wer meint, über eine Wesensschau zu verfügen und eine Erkenntnis vorzulegen, die zeitlos und unbedingt gültig ist, der kann das nur unter einer Voraussetzung tun. Er muß unterstellen, sich von allem Zufälligen gelöst zu haben; von allem, was nur beschränkte Gültigkeit hat und nur für die eigene Zeit und Region zutrifft, aber eben nicht allgemein und universal gilt.

R. Descartes, der Begründer neuzeitlicher Philosophie, nennt vor allem eine zentrale Bedingung für eine von allen Unreinheiten und Bedingtheiten befreite, reine und allgemeine und darum sichere Erkenntnis: Es gelte, »den Geist von den Sinnen abzuziehen«[5]. Wenn schon der Körper, der Leib immer endlich, bedingt, ort- und zeitverhaftet ist, so soll sich doch wenigstens der Geist davon lösen können. Der Verstand, die Vernunft, das Erkenntnisvermögen sollen ganz rein sein. In eine ganz ähnliche Richtung zielen die Bemühungen I. Kants und seiner Schüler. Immer sind es ja die Sinne, der Leib, die Geschichte, also die eigene Verankerung in einer bestimmten Zeit und an einem bestimmten Ort, die der »richtigen Erkenntnis« im Wege stehen. Ziel muß darum die Abstraktion, die Loslösung, die absolute Geltung sein jenseits der Niederungen der konkreten Vorfindlichkeiten, dessen also, was mich ablenkt; was vielleicht heute wahr zu sein scheint, sich aber morgen schon als falsch herausstellen kann.[6]

Tatsache ist nun aber, daß eine solche Loslösung des Denkens von der Geschichte und Biographie, von unserem Erdendasein nicht gelingt; daß es dem Menschen nicht möglich ist, seine Endlichkeit und Geschichtlichkeit und Begrenztheit zu überwinden, sich aus seiner konkreten Lage »herauszureflektieren«, sich von der individuellen Position abzulösen, in der er als einzelner lebt und denkt, in der er durch Hunger und Durst, Müdigkeit und Angst, Schwäche und Fehler, Erfahrungen und Prägungen bestimmt ist. Denn den Leib, der für all diese Bedingungen und Bedingtheiten steht, wird der Denker nicht los.[7]

Dieser Leib der Vernunft zeigt sich vor allem in der Sprache. Es gibt kein Denken ohne Begriffe. Diese Begriffe sind alle sprachlicher Natur. Alles Sprachliche ist aber geschichtlich geworden und in geschichtlicher Veränderung begriffen. Das heißt aber dann: Noch die abstraktesten, scheinbar »blutleeren«, völlig abgehobenen Begriffe sind alle geschichtlicher Natur: geschichtlich geworden; geschichtlich: d.h. durch ganz bestimmte Umstände geprägt. Sie sind darum alles andere als abstrakt und insofern gültig. Weil die Sprache der Leib des Denkens ist, darum kann der Geist seine konkrete Position nie verleugnen. Darum tut er am besten, wenn er diese seine eigene, in der Sprache zutage tretende und offenbare Individualität selbstkritisch einsieht und mitbedenkt. Die geschilderten Einsichten gelten selbst für die Sprache der Logik, der Mathematik und der Wissenschaft. Selbst deren Begrifflichkeit, auch deren Kategorien, können bei allem abstrakten Anspruch ihre Erdverbundenheit nicht leugnen.[8]

Es ist dem Menschen nicht möglich, sich über seine menschliche Erkenntnisposition zu erheben; sich aus der Lage herauszureflektieren; sich sozusagen über die Schulter zu sehen oder sich gar von oben/von jenseits aus der Distanz selbst in den Blick zu nehmen. Für all diese Versuche hat die analytische Philosophie den polemischen Begriff des »Gottesstandpunktes«. Es ist eine urbiblische Einsicht, die sich heute im Raum von Philosophie und Wissenschaft Bahn bricht: »Unser Erkennen ist Stückwerk« (1. Korinther 13,9). Das ist so, weil wir Menschen sind und nicht Gott. Und es ist ebenfalls die jüdisch-christliche Tradition, die vor der Versuchung erkenntnistheoretischer Überhebung warnt. Den Gottesstandpunkt einzunehmen, sein zu wollen wie Gott – so entfaltet die Genesis die Anmaßung der Gottesperspektive. Erkennen zu wollen »das Gute und das Böse«, d.h. für unser Denken: das Ganze in den Blick bekommen und auf den Begriff bringen zu wollen.[9]

Es ist unter diesen Umständen höchst bezeichnend, daß man an keiner Stelle der Heiligen Schrift auf eine Reflexion über *das Wesen der Religion* trifft[10], so sehr das Phänomen der Fremd-Religionen im Blick ist und die Begegnung bzw. Auseinandersetzung mit ihnen zum ständigen Hintergrund der Bekenntnisse zu JHWH ([Jahwe] im Alten Testament) bzw. dem Kyrios ([HErrn] im Neuen Testament) gehört.

2. *Theologische Kritik: Christlicher Glaube als Bindung*

Oft begegnet die Zumutung, man solle doch einmal von der Wahrheit des eigenen Glaubens absehen und sich für die Wahrheitsansprüche anderer öffnen oder auch das Gesamt »aller religiösen

Wahrheiten« in den Blick nehmen. Eine derart geforderte oder beanspruchte Standortlosigkeit stellt nicht nur eine philosophische (erkenntnistheoretische) Naivität dar. Sie ist auch aus theologischer Sicht unhaltbar. Wer sich einen Standort zubilligen will und anmaßt, von dem aus man – nicht gebunden an die Wahrheit, nicht gebunden an den eigenen Glauben – über diesen Standort wie über sein Verhältnis zu anderen Religionen zu spekulieren in der Lage wäre, verkennt einen doppelten Sachverhalt:

– Die eigene Religion ist ja nicht bloß »Tradition«, nicht bloß ein Gedankengebäude, von dessen Voraussetzungen ich mich durch eine entsprechende Anstrengung des Denkens zu befreien vermöchte. Die eigene Religion, der eigene »Glaube« ist ja vielmehr eine Wirklichkeit von verpflichtender, auch mein Denken in Beschlag nehmender Macht – so lange jedenfalls, wie ich dieser Wirklichkeit nicht den Abschied gegeben habe und ihr nicht nur als Kulturwissenschaftler gegenüberstehe. Hier ist eine Unterscheidung unabdingbar, die getroffen werden muß, wenn man sich nicht in falsche Alternativen verrennen will: Es ist sehr wohl möglich und auch nötig, andere Wahrheits*ansprüche* zu erkennen, ohne sie damit schon als Wahrheit an-zu-erkennen. Wahrheitsansprüche wahrzunehmen, kann nicht bedeuten, sie »automatisch« als wahr anzunehmen.[11] Es ist möglich und in der Begegnung mit anders Denkenden unabdingbar, daß ich deren alternative und konkurrierende Wahrheitsbehauptungen als Ansprüche achte; aber das bedeutet doch nicht, daß ich ihre Behauptungen deshalb schon akzeptiere! Noch einmal: erkennen und *an*erkennen sind zweierlei!

– Ein zweiter Gesichtspunkt ist noch fundamentaler: Wie könnte es dem Menschen überhaupt möglich sein, auch nur gedanklich *Gott* »mit anderen Göttern zu vergleichen, also beide in Betracht zu ziehen und sich dann an einem höheren Ort ein Urteil zu bilden, ob der eine oder andere oder beide oder mehrere in Frage kommen«[12]? Als wenn es möglich wäre, daß ich mich dem Anspruch Gottes, wirklich *Gottes* an mich, reflexiv entziehe!

In keinem Religionsvergleich, in keinem Religionsgespräch kann ein Christ davon absehen, daß in dem Kyrios Jesus, dem der Vater den Platz zu seiner Rechten gegeben hat, der Anspruch JHWHs

»auf dem Tisch liegt«, der Herr der Welt zu sein. Das ist für einen Christen, der Christus als den Kyrios, den Herrn anbetet, klar – und Entsprechendes gilt doch wohl auch für andere Teilnehmer an einem Religionsgespräch!

Ein distanzierter Religionsvergleich, wie er an vielen Orten versucht wird, ist letztlich gar nicht möglich, solange gelten muß: Ich bin von vornherein in meiner Existenz mitsamt meinem Denken (!) beansprucht vom lebendigen Gott. In der Furcht Gottes ist mein Denken »gefangen genommen unter den Gehorsam des Christus« (2. Korinther 10,5), d.h. eingebunden in die Christus-Beziehung! Dieser Anspruch Gottes an mich ist für mich als Teilnehmer eines interreligiösen Dialogs kein Sachverhalt, den ich objektivieren könnte, auf den ich also genauso »von außen« blicken könnte wie auf die »Gottesvorstellungen« meiner Dialogpartner! Ich kann an einer solchen Begegnung vielmehr nur teilnehmen als jemand, der von vornherein und ohne daß er darüber schon verfügen könnte, beansprucht, in Anspruch genommen, verpflichtet und gebunden ist.

Es wäre Täuschung und Selbsttäuschung, sich als Christ über das, was die eigene Existenz ausmacht, hinausheben, überheben zu wollen. Es wäre doch eine bloße Fiktion, sich von dem, was mein Leben und Denken faktisch bestimmt: das Gegenüber-Sein zum lebendigen Gott, ab-lösen zu können.

Daß also, wie z.B. H. Küng fordert, ein Vertreter einer Religion nicht auf den ihr »eigenen Wahrheitskriterien insistieren« solle, weil sonst »ein echter Dialog von vornherein aussichtslos«[13] sei, ist darum eine philosophisch wie theologisch gleichermaßen unglaubliche Forderung:

– als wenn es sich beim christlichen Glauben (für andere Religionen gilt Entsprechendes) nur um abstrakte Wahrheitskriterien handelte, um ein Theoriegebäude, lebensferne und abstrakt verhandelbare Überzeugungen, die zur Diskussion stünden, über die man reden und von denen man eben bei Gelegenheit auch absehen könnte;

– als wenn dem christlichen Glauben (für andere Religionen gilt Entsprechendes) nicht bereits das Rückgrat gebrochen wäre, als wenn ein Dialog überhaupt noch Sinn hätte, wenn man von diesem Anspruch des lebendigen Gottes – und sei es auch »nur methodisch« – absehen würde und könnte!

Was ist und was gilt, was wäre und gälte ein Christ als Teilnehmer im interreligiösen Dialog, wenn er – mitsamt seinem Erkenntnisvermögen – nicht mehr existierte *in Beziehung* zum lebendigen Gott als Quelle des Lebens?

– Als wenn nicht gerade Küngs Dialog-Modell eines der besten Beispiele dafür ist, wie die mitgebrachten Wahrheitskriterien der *eigenen* Religion – trotz aller Beteuerungen des Gegenteils – unter der Hand als allgemeingültige Kriterien für alle Religionen »inthronisiert« und zur Herrschaft gebracht werden;

– als wenn nicht gerade seine Redeweise vom »wahrhaft Menschlichen«, vom »Humanum« als Wesen aller Religionen daraufhin zu befragen und zu hinterfragen ist, ob diese spezifisch westliche, jüdisch-christliche Bestimmung ganz anderen Religionen und Kulturkreisen überhaupt gerecht zu werden vermag![14]

3. Die Herablassung Gottes als Verpflichtung des Menschen auf die Konkretheit eines Standpunktes

Mit solchen Reflexionskünsten beansprucht der Mensch eine Ort- oder besser eine Stand-ort-losigkeit, mit der er sich heillos übernimmt und die – wenn überhaupt – Gott allein eigen ist. Sie ist freilich noch nicht einmal Kennzeichen des biblischen Gottes, der sich ja ständig ver-ortet: in Zeit und Geschichte auftritt und wirksam ist. Die beanspruchte Standortlosigkeit ist darum auch eher Kennzeichen eines philosophischen Gottes oder aber eines Wesens, dessen Un-Wesen gerade darin besteht, sich als Vater der Lüge (Johannes 8,44) und Zerstörer von Relationen (Hebräer 2,14) gerade nicht ding-, nicht orts- und zeitfest machen zu lassen. Maßstab ist für uns vor allem die Herablassung Gottes in unsere Geschichte, in unsere jeweiligen Zeit-Räume, schließlich sein Konkret-werden, also buchstäbliches Zusammenwachsen (lat. *con-cresci*) mit seinem Geschöpf in der Menschwerdung Christi. Es ist diese konkrete Wirklichkeit des dreieinigen, sich zu uns herablassenden und in der Geschichte redenden und handelnden Gottes, die uns positiv auf die Orte verpflichtet, an denen Gott sich von uns finden lassen will. Umgekehrt kann uns diese Kondeszendenz (Herablassung) Gottes davor bewahren, ihn dort zu suchen, wo er von uns *nicht* gefunden sein will und nicht gefunden werden kann.

20

Gegenüber allen angemaßten Versuchen, die eigene Positionsgebundenheit und das geschichtliche Eingebundensein, die Horizontverhaftetheit und Bedingtheit des eigenen Standpunktes zu überwinden, hat schon J. G. Hamann angesichts der Abstraktionskünste der Aufklärungsphilosophie nichts anderes gewußt, als sich am biblischen Zeugnis vom Fleisch gewordenen, konkreten Gott zu orientieren. »Dem allgemeinen Geschwätze und schön aus der Ferne her, in die weite Welt hinein«, mit anderen Worten, der beanspruchten abstrakten und allgemeingültigen Wesensschau, wollte und konnte er »nichts besseres als die genaueste Localität, Individualität und Personalität entgegen [zu] setzen.«[15] So sieht christliches, an der Bibel orientiertes Denken aus. Es nimmt den Ort ernst, an den Gott den Menschen mitsamt seinem Denken und Erkennen gestellt hat. Und es scheut vor einer Standpunktlosigkeit und Abstraktion zurück, die doch nur illusorisch, nur Schein sein kann.

c) Verpflichtung und Entlastung des christlichen Zeugnisses

Es ist also unmöglich, einen Gottesstandpunkt einzunehmen und aus quasi göttlicher Perspektive die Dinge und die Religionen zu sehen, wie sie ihrem Wesen nach sind. Das hat Konsequenzen hinsichtlich der Art, wie Christen die Offenbarung Gottes bezeugen – im Kontext des interreligiösen Dialogs wie anderswo.

1. »Ein Zwang liegt auf mir«

Für Christen steht die Wahrheit ihres Glaubens so wenig zur Disposition wie die Wirklichkeit ihres Gottes. Einen »Dialog« zu führen, kann für sie nicht heißen, daß dieses Gespräch ein offener Prozeß ist, an dessen Ende sich *erst als Ergebnis* interreligiöser Begegnung *die Wahrheit* ergibt. Es gibt ein weit verbreitetes Verständnis von Dialog, gemäß dem dialogfähig nur der ist, der bereit ist, auf einen Wahrheitsanspruch zu verzichten. Die weltanschaulich höchst dogmatische und philosophisch sehr problematische Zugangsvoraussetzung für einen solchen Dialog lautet dann: *Beharre nicht auf deinem Standpunkt! Stelle deine Wahrheit zurück und öffne dich für die Wahrheit(en) der anderen!* Zunächst ist hier wieder philosophisch (argumentationslogisch) zu antworten: Es gibt gar keine Diskussion, keinen Diskurs und keinen Dialog ohne Standpunkte, ohne Wahrheitsbehauptungen, also ohne daß »etwas« zur Diskussion steht und Gegenstand des Gespräches ist. Weiter ist zu unterscheiden einerseits zwischen der philosophisch höchst zweifelhaften Annahme, daß am Ende eines rein fiktiven, in Wirklichkeit gar nicht denkbaren »herrschaftsfreien Dialoges« die Wahrheit herauskommt als das, worauf sich alle verständigen können, und andererseits der Selbstverständlichkeit, daß der, der etwas behauptet, sich damit auch der Kritik und Überprüfung aussetzt, ein Wahrheitsanspruch also schon dann zur Diskussion steht, wenn er artikuliert wird. Wer hier zu unterscheiden weiß, wird von dem gedankenlosen Vorwurf lassen, es sei schon »fundamentalistisch«, wenn man in einer Diskussion eine Position vertrete. Vielmehr gilt schon rein philosophisch: Ein Dialog findet nur dort statt, wo Positionen/Wahrheitsansprüche *vertreten* werden. Erkenntnis der Wahrheit kann nur dort in einem offenen Dialog gelingen, wo Wahrheitsansprüche nicht als Eingangsbedingung für den runden Tisch des Dialogs an der Garderobe abgegeben, sondern als das Entscheidende für eine solche Begegnung auf den Tisch gelegt werden.

Ein theologisches Argument kommt hinzu: Gerade weil ein Christ die Wahrheit nicht besitzt, nicht über sie verfügt, wohl aber von ihr und in ihr gehalten wird, gerade darum steht für einen Christen die Wahrheit seines Glaubens, die die Wirklichkeit des *Kyrios Jesous* ist, nicht zur Disposition. Diese Wahrheit ist gewisser Ausgangspunkt, nicht aber offenes Resultat eines Gespräches zwischen verschiedenen Religionen. Dialog – Ja! – aber nicht als Mittel zur Wahrheitsfindung, sondern als Mittel der Kommunikation über eigene wie fremde Wahrheitsansprüche!

Christen können die Wahrheitsfrage nicht einfach »offenhalten« und von der Relation zu Gott absehen, die sie in ihrer Existenz mitsamt ihrem Denken und Erkennen hält, erhält und bestimmt.

Wahrheit und Inhalt des Evangeliums stehen für Paulus nicht zur Disposition, wenn er über sein Leben als Apostel schreibt: »Ein

Zwang liegt auf mir; denn wehe mir, wenn ich das Evangelium nicht verkündigte« (1. Korinther 9,16). Das Evangelium ist nicht einfach ein Theoriezusammenhang, über den wir verfügen könnten, sondern eine Macht, ja Wirklichkeit, in deren Dienst wir stehen und die über uns verfügt (vgl. Apostelgeschichte 4,20).

Ein alttestamentlicher Gotteszeuge hat diese Macht und Last der Wirklichkeit Gottes noch viel drückender erfahren und drastischer ausgedrückt: »Herr, du hast mich betört (betören als Fachausdruck für das Verführen eines jungen Mädchens), und ich habe mich betören lassen. Du hast mich ergriffen und überwältigt (Fachausdruck für Notzucht) . . . Sooft ich rede, muß ich schreien . . . Und sage ich: Ich will nicht mehr an ihn (= Gott) denken und nicht mehr in seinem Namen reden, so ist es in meinem Herzen wie brennendes Feuer, eingeschlossen in meinen Gebeinen. Und ich habe mich (vergeblich) abgemüht, es (weiter) auszuhalten, ich kann nicht mehr« (Jeremia 20,7-9).

Hier spricht einer, dem das Wort und die Wirklichkeit JHWHs (des HErrn) Not machen und der sie nicht mehr aushält. Er sieht und fühlt sich so bedrängt, weil er sich diesem Gott nicht entziehen kann.

Das ist die Grundsituation der Christen *unter* dem Wort Gottes im Leben vor Gott. Hier gibt es keine Distanz, die ein unverbindliches Theoretisieren über dieses Wort erlaubte; die unbeteiligte Vergleiche zu anderen ermöglichte oder gar die Frage nach der Wahrheit und Macht dieses Wortes offen ließe, offen lassen könnte. Diese Macht- und Wahrheitsfrage ist für den schon lange erledigt und mehr als beantwortet, der unter dem Ein-druck dieser Präsenz Gottes steht.

Es wäre eine lebens- und wirklichkeitsferne Spekulation oder Forderung, von diesem Gott abstrahieren (»absehen«) zu können oder gar zu sollen.[16]

Gottes Majestät, die Erscheinung seiner Herrlichkeit, unterläuft alle solchen gedanklichen Vorhaben. Wo sich seine Herrlichkeit und Majestät aufdrängt, da wird nicht irgend etwas »geglaubt«, da wird angebetet, gelobt, da wird der Name dieses Gottes bekannt.

2. »Wir predigen nicht uns selbst«

Der Verzicht auf den »Gottesstandpunkt« hat natürlich auch Konsequenzen für das christliche Reden von Gott. Er schließt den Verzicht auf eine bestimmte Form der Bewahrheitung der dem Christen als Zeugnis aufgegebenen Wahrheit ein. So ist ein unwiderleglicher, unstrittiger weil unbestreitbarer, alle Gesprächsteilnehmer zwingend überzeugender Beweis nicht möglich. Ein solcher wäre ja nur denkbar, wenn es allen am Erkenntnisprozeß Beteiligten möglich wäre, ihre je verschiedenen Voraussetzungen hinter sich zu lassen und sich unabhängig von ihren Prägungen und den sie bestimmenden Horizonten auf eine gemeinsame, für alle einsichtige Basis zu stellen. Der Mathematiker und Logiker weiß: Erst wo solche allgemein anerkannten Voraussetzungen gegeben sind, kann man dann Erkenntnisse ableiten, die alle verpflichten, weil sie von allen eingesehen werden könn(t)en.

Es gehört zu den fundamentalen, heute durch die moderne Wissenschafts- und Erkenntnistheorie einholbaren Einsichten eines biblischen Erkenntnisbegriffes[17], daß eine solche gemeinsame Basis nicht existiert. Jedes Erkenntnis-Subjekt hat *seine* Vernunft, ist (s)einem Horizont verhaftet und kann sich (s.o.) aus seiner kontingenten Erkenntnis-Lage nicht herausreflektieren und befreien.

Ein allgemein anerkannter Beweis der Wahrheit des Evangeliums setzte den bestrittenen Gottesstandpunkt jenseits aller Bedingtheiten und Beschränkungen, aller Horizonte und Prägungen voraus. Er schlösse ein, was doch nur erkenntnistheoretisches Ideal, nie aber Wirklichkeit ist: eine Gemeinschaft freier, ungebundener, reiner Vernunft-Subjekte und ihre Fähigkeit, die Wahrheit unverstellt wahrzunehmen. Er unterstellte, was doch erst der Jüngste Tag ans überhelle Licht bringen wird: eine Offenbarung der Herrlichkeit und Herrschaft Gottes, der niemand mehr widersprechen kann (Philipper 2,10).

Christen sind aus sich heraus »untüchtig«, »etwas zu erdenken«, zu beweisen etc. (2. Korinther 3,5). Sie haben nicht zu *be*weisen, sondern *weg*-zuweisen. Sie nehmen auch im Dialog ihre Aufgabe des Zeugnisses dann am besten wahr und sind dann die besten »Weg-Weiser«, wenn sie weg-weisen von sich, hin zu Christus. Sie »predigen nicht sich selbst« (2. Korinther 4,4), d.h. ihre eigenen theologischen Systeme und Theorien über Gott. Es ist nicht die Wahrheit ihrer theologischen Aussagesysteme, die die Wahrheit des christlichen Glaubens ausmacht. Alles wäre verloren, wenn an die Stelle dieser Person-Wahrheit, die Jesus Christus selber ist (Johannes 14,6), eine menschliche Satz-Wahrheit träte; wenn christliches Zeugnis die Mitmenschen nicht über sich hinaus weg-weisen würde auf Christus, wenn es sie stattdessen festhielte bei der Wahrheit seiner Sätze; alles wäre (und ist) falsch, wenn (und wo) nicht Christus, sondern wir Christen die Instanz der Bewährung und Bewahrheitung des christlichen Zeugnisses wären.

Um es am Beispiel des Apostolischen Glaubensbekenntnisses unserer Kirchen deutlich zu machen: Wir haben die Wahrheit des christlichen Glaubens nicht ohne dieses, unabhängig von diesem Glaubensbekenntnis; aber die Wahrheit und Wirklichkeit dieses Glaubens an den dreieinigen Gott geht doch nicht in diesen Bekenntnisformulierungen auf. Das Glaubensbekenntnis hat seine Wahrheit nicht in sich; wir glauben auch nicht an das Apostolische (oder ein anderes) Glaubensbekenntnis, sondern an den dreieinigen Gott, von dem es spricht, auf den es hinweist und an den es uns bindet.

Wer paradoxe Formulierungen liebt, kann den Sachverhalt auch so ausdrücken: Sätze des christlichen Glaubens, die in sich wahr sein wollen und den Adressaten befriedigen, aber nicht über sich hinausweisen, sind theologisch falsch. Sie lenken ab von Christus.[18] Zeugnissätze aber, die nicht in sich wahr sein wollen, die vielmehr über sich hinausweisen, weil sie in sich »unbefriedigend« sind, sind in ihrem Verweischarakter gerade wahr. Sie wollen nicht mehr sein, als sie sind und als sie sein können: Weg-Weiser zu Christus. An diesem Weg-Weisungs- und Verweischarakter haben alle christlichen Zeugnisaussagen ihr Wahrheitskriterium.

Als Zeugen für Jesus Christus, nicht als Vertreter einer von ihnen zu »verantwortenden« (Satz-)Wahrheit, sind Christen darum gleichermaßen verpflichtet wie entlastet. Christen müssen nicht den Wahrheitsbeweis »ihres« Glaubens antreten. Sie können es gar nicht; sie würden sich übernehmen, wenn sie dies versuchten. Sie müssen nicht, können nicht, ja sie dürfen nicht die Last des Beweises dafür tragen wollen, daß der Schöpfer und Herr der Welt in diesem Jesus von Nazareth zum Heil aller Menschen gehandelt hat und wir nur durch sein stellvertretendes Leiden am Kreuz vor den Toren Jerusalems Zugang zu Gott als gnädigem und liebendem Vater haben (Römer 5,1).

Sie können und sollen dafür argumentieren und einstehen (1. Petrus 3,15); aber sie bleiben auch und gerade im Dialog und in der Begegnung mit anderen Religionen darauf angewiesen, daß der von ihnen Bezeugte sich im Leben des Nächsten selbst als Wirklichkeit im-poniert, eindrücklich macht und ihr Zeugnis *bewährt*.[19]

3. Nicht Absolutheit des Christentums, sondern Einzigartigkeit Jesu Christi

Es ist immer wieder die Auffassung zu hören, man könne doch »heute« *nicht mehr* (!) von der Absolutheit des Christentums sprechen.[20] Dabei wird zur Begründung insbesondere auf die Existenz anderer Religionen und auf deren Wahrheits- bzw. Offenbarungsansprüche verwiesen.

Eine solche Argumentation beruht auf einem Denkfehler: Die bloße Tatsache der Existenz anderer Wahrheits*ansprüche* kann ja die Geltung des christlichen Wahrheitsanspruches logisch nicht in Frage stellen. Insofern ist also auch das Festhalten an dem exklusiven Bekenntnis zum dreieinigen Gott nicht schon deshalb ein Anachronismus, weil nun andere Götter im abendländischen Horizont (stärker oder wieder) präsent sind. So wenig es früher richtig war, daß christlicher Glaube bloß deshalb Geltung besaß, weil (fast) alle ihn teilten und er im gesellschaftlichen Bewußtsein eine Monopolstellung innehatte, so wenig ist es heute richtig, ihm seinen – der Sache nach notwendig exklusiven – Wahrheitsanspruch zu bestreiten, nur weil nun andere Religionen ins Bewußtsein rücken.

Vielmehr ist heute durch deren Präsenz eine Lage wiederhergestellt und eine ursprüngliche Konkurrenz wieder sichtbar, die den biblischen Gottesglauben vom ersten bis zum letzten Blatt der Bibel bestimmt: Vom israelitischen Zeugnis für JHWH als Schöpfergott, der Sonne, Mond und Sterne – die Götter der umgebenden Völker – wie Lampen am Himmel befestigt (vgl. 1. Mose 1,14-18), bis zum

»Lamm wie geschlachtet« (vgl. Offenbarung 5,6.12), das sich gegen die Macht des antichristlichen Kultes endlich durchsetzen soll, ist das biblische Gottesbekenntnis ein Bekenntnis im Gegenüber, ja oft im Kampf, in der Konfrontation zu anderen Kulten und Religionen (vgl. nur 1. Könige 18,21-40; 1. Korinther 8,6; Galater 4,8; 1. Thessalonicher 1,9).

Die Exklusivität des *Kyrios* wäre also fundamental mißverstanden, wenn sie nur Geltung haben sollte, solange sie ohne Konkurrenz ist. Genau das Gegenteil ist ja der Fall: Ob wir an das erste Gebot denken oder an die Anbetung Jesu Christi als des *Kyrios* – das exklusive biblische Gotteszeugnis erhält erst dort wieder sein ursprüngliches Profil, ja seine exklusive Formulierung ergibt doch erst dort einen Sinn, wo seine Konkurrenz zur Propagierung und Anbetung anderer Götter deutlich wird!

Die Rede von der Absolutheit des Christentums ist freilich irreführend. Sie ist nicht etwa deshalb falsch, weil es ja noch andere religiöse Wahrheitsansprüche gibt, oder gar noch törichter: weil diese nun in unser Bewußtsein treten. Sie ist unangemessen vielmehr deshalb, weil es ja in der Tat (s.o.) nicht das Ziel sein kann, eine philosophische Begründung buchstäblich »absoluter«, also von der Geschichte absehender, philosophisch begründeter Geltung des christlichen Glaubens zu geben. Der christliche Glaube gilt ja nicht deshalb, weil er absolut, losgelöst, ab-gelöst von der Geschichte wäre; er hat den Grund seiner Geltung ja vielmehr nicht jenseits von der Geschichte, sondern in der Geschichte: der Geschichte Gottes mit den Menschen. Um die irreführende Redeweise von der Absolutheit zu vermeiden, haben Helmut Burkhardt und andere daher schon 1974 vorgeschlagen, statt von Absolutheit des Christentums besser von der Einzigartigkeit Jesu Christi zu sprechen.[21]

II. Die Aufdringlichkeit der Toleranz – Verzicht auf interpretatorische Überwältigungsakte

a) Konflikte der Dialogregeln

Es gibt im Dialog der Religionen einen Konflikt der Dialog-Regeln, der von fundamentaler, nicht zu überholender Natur ist. In ihm tritt ein ebenso fundamentaler Dissens über das Wesen von Religion, von Gott und von Offenbarung zutage.

Diesen Konflikt nach der einen oder anderen Seite hin aufzulösen, hätte zur Folge, das jeweils andere Verständnis von Gott, Offenbarung, Religion und von den Regeln, wie über sie zu sprechen sei, zu dominieren, zu vernachlässigen oder zu unterdrücken. Ein solches Ergebnis kann aber nicht im Interesse einer Begegnung liegen, die ja ausdrücklich die hegemonialen Herrschafts-Gesten der Vergangenheit, die Vergewaltigung der einen Religion durch die andere zu vermeiden sucht und zum Frieden beizutragen wünscht.

Welches sind nun die zwei wesentlichen Grundkonzepte vom Dialog der Religionen? Und inwiefern ist der Graben zwischen ihnen fundamental, also unüberbrückbar?

b) Dialog unter Voraussetzung der unhintergehbaren Individualität und Partikularität (unaufhebbaren Besonderheit) der eigenen Position: das Partikulare (Besondere) als das Authentische und Legitime und Wahrheitsfähige

Die für den christlichen Dialog-Partner wegweisenden biblischen Zeugnisse verpflichten ihn, die eigene Partikularität, Positionalität und Individualität ernst zu nehmen. Diese Verpflichtung ist begründet in der Offenbarung selbst. Sie ist Konsequenz der Eigenart des Handelns und Redens des lebendigen Gottes. Er erwählt konkrete

Menschen und Menschengruppen; er begleitet sie, indem er ihre Geschichte macht und ihnen Geschichte gibt: Er redet durch konkrete Menschen sein konkretes Wort in konkrete Lagen und zu konkreten Menschen.

Damit ist aber nicht nur die Individualität des Menschen in der ihn bestimmenden Situation als theologisch fundamental gewürdigt. Von zentraler Bedeutung ist ebenso die Tatsache, daß und wie dieser Gott der Bibel sich offenbart: eben unüberholbar geschichtlich, konkret, in Raum und Zeit: »Genau an diesem Punkt liegt die Andersartigkeit der biblischen Offenbarung. Man kann an ihr der transzendenten Gottheit Gottes nicht ›einfach‹ inne werden. *Sie hängt in der Raumzeitlichkeit fest* – ja man faßt die Gottheit umso sachgemäßer, je tiefer man sie in die Menschheit hineinträgt« (C.H. Ratschow).[22] Mit anderen Worten: Die Art der Offenbarung des biblischen Gottes führt nicht nur zur Einsicht in die historische »Relativität« aller biblischen Gotteszeugnisse (»alle in der Bibel berichteten Offenbarungen Gottes sind Reden zunächst nicht an mich, sondern an (einen anderen) Menschen der Vergangenheit«), in ihre im besten Sinne »Zeitgebunden- als Zeitbezogenheit«; sie führt vor allem zu der im engeren Sinne *theo*logischen Einsicht, daß Gott in Christus *war* (2. Korinther 5,19); daß er ein zeitgebundener, sich an Zeiten und Orte und Individualitäten bindender Gott ist, der in ihnen und an ihnen hervortritt! »Das Wort, das Gott ist, ward Fleisch und wohnte [wörtlich: zeltete] unter uns, und wir haben seine Herrlichkeit geschaut, eine Herrlichkeit wie des Einziggeborenen vom Vater!« (Johannes 1,14). So bezeugen es Menschen im ersten Jahrhundert unserer Zeitrechnung: »Was von Anfang war, was wir gehört, was wir mit unseren Augen gesehen, was wir angeschaut und unsere Hände betastet haben vom Wort des Lebens – und das Leben ist geoffenbart worden, und wir haben gesehen und bezeugen und verkündigen euch das ewige Leben, das bei dem Vater war und uns geoffenbart worden ist – was wir *gesehen* und *gehört* haben, verkündigen wir auch euch . . .« (1. Johannes 1,1-3a). »Als aber die Fülle der Zeit kam, sandte Gott seinen Sohn, geboren von einer Frau, geboren unter Gesetz« (Galater 4,4). Das ist Eigenart, Würde und natürlich auch Skandal des christlichen Gottesglaubens, der seinen Höhe- oder besser Tiefpunkt im »Wort vom Kreuz« (vgl. 1. Korinther

1,18-23) hat: in der Zumutung, in dieser verachteten und geschändeten Kreatur Gott selbst vor sich zu haben, nicht eine Gottesidee, sondern Gott in Person, der an uns und um unsertwillen leidet!

Golgatha, dieser Hinrichtungsplatz vor den Toren Jerusalems, dieses lokalisierbare wie datierbare Ereignis ist Zentrum des christlichen Glaubens. Nach Paulus ist es dieses Kreuz Jesu als Mittelpunkt allen Handelns und Redens Gottes, über das hinaus wir nichts Wesentliches von Gott wissen können (vgl. 1. Korinther 2,2). Durch dieses Kreuz sind wir Christen unüberholbar, durch keine Abstraktion oder Reflexion überwindbar, an Geschichte als Ort der *Wirklichkeit* des lebendigen Gottes gewiesen. Dieses sein geschichtliches Handeln und Reden, sein Erwählungs- und Rettungshandeln in Beziehung und Gegenüber zum Menschen – dieses, und genau nur dieses konkrete Verhalten ist Ausdruck und Beleg des Wesens Gottes als *Liebe* (vgl. 1. Johannes 4,8.16).

Der christliche Dialogpartner kommt von der Realität und Geschichte einer Offenbarung Gottes her, der sich uns zu erkennen gibt. Er hat sein Angesicht gezeigt in dem, der von sich sagen konnte: Wer mich sieht, sieht den Vater (vgl. Johannes 14,9).

Christlicher Glaube ist begründet in dieser wesenhaft geschichtlichen, kontingenten (nicht ableitbaren), konkreten Offenbarung Gottes. Damit verpflichtet uns die Offenbarung Gottes, auch unsere eigene geschichtliche Lage, unsere Position, ernstzunehmen, zu würdigen und nicht etwa »überspringen« zu wollen. Die geschichtliche Offenbarung, die uns in unserer eigenen geschichtlichen Lage anspricht und trifft, führt dazu, daß ein Christ auch im Gespräch mit anderen Menschen, schon gar nicht in der Begegnung mit anderen Religionen von der eigenen Geschichte als Teil der Geschichte des Wortes des dreieinigen Gottes absehen kann. Was für andere – unter anderen philosophischen oder religiösen Vorzeichen – ein Hindernis, eine Behinderung oder gar eine Beschränkung darstellt, ist das, was den Christen gerade auszeichnet und wovon er auch in der Kommunikation mit anderen nicht absehen kann.

Hier droht nun freilich wiederum ein verhängnisvolles und fundamentales, gleichwohl oft zu hörendes Mißverständnis; diese Konkretheit, Zeitbezogenheit und »Relativität« Gottes darf nicht relativistisch als Uneigentlichkeit, Vorläufigkeit mißverstanden werden.

Seine Relativität, sein Bezogen-Sein auf uns, seine Geschichtsge- und verbundenheit sind ja vielmehr Ausdruck der Liebe dieses Gottes, die sich eine geschichtliche Wirklichkeit verschafft. Gott ist insofern »relativ«, als er sich geschichtlich offenbart, Relationen stiftet, sich in Beziehung setzt. Alles wäre verloren, würde man diese Relativität als Relativismus mißverstehen; würde man diese Zeit-Bezogenheit als Zeit-»Bedingtheit« mißverstehen; würde man das Medium der Geschichte, auf das wir als Christen durch die Offenbarung festgelegt sind, philosophisch überholen und so loswerden wollen. Durch die Selbstoffenbarung Gottes sind Geschichte, Raum und Zeit geheiligt. Sie verpflichten uns auch in unserem Denken. Die Partikularität, d.h. die Besonderheit der Lage eines Menschen wie des Wortes, das in sie hineingeht, die Individualität eines Menschen und die Positionalität selbst Gottes, der geschichtlich hervortritt und sagt: Ich bin JHWH (vgl. 2. Mose 3,14), dürfen wir nicht von einem übergeordneten Prinzip her gedanklich-begrifflich überholen oder be- und umgreifen wollen. In Jesus Christus ist Gott ganz da, ist die Fülle der Gottheit leibhaftig gegenwärtig (Kolosser 2,9). Christlicher Glaube ist bestimmt durch das Ärgernis, für seine Wahrheit an eine Geschichte gewiesen zu sein, die durch die Anstrengung des philosophischen Begriffs nicht überholt werden kann.

An dieser Stelle ist einer undifferenzierten Argumentation mit dem bloßen Stückwerkcharakter unter Bezug auf 1. Korinther 13,3.12 zu wehren. Zwar wird hier durchaus im Sinne des griechischen Erkennens die Bruchstückhaftigkeit und Verzerrtheit der Erkenntnis eingeräumt. Das marktet aber umgekehrt der Fülle und dem Profil, der Exklusivität und dem universalen Anspruch, der Gewißheit wie dem Wirklichkeitsbezug der Christus-Erkenntnis und des Zeugnisses für diese Erkenntnis Christi kein bißchen ab. Ein Grund dafür ist das Spezifikum des hebräisch-biblischen Erkenntnis-Begriffs. Es ist besonders schön bei einer Selbstkorrektur des Apostels Paulus deutlich. Galater 4,8 fällt er sich sozusagen selbst ins Wort: »Jetzt aber habt ihr Gott erkannt – vielmehr ihr seid von Gott erkannt worden.« Paulus redet von der Wirklichkeit des Gottes, der sich dem Menschen zu erkennen gibt und ihn damit in Beziehung zu sich setzt. Bei aller selbstkritischen Einsicht in die Begrenztheit des eigenen Erkennens wird hier der Mensch in einer

Weise der Wirklichkeit Gottes vergewissert, wie ihm dies von sich aus nie möglich wäre. Für biblisches Gotteszeugnis gehört insofern aufs engste zusammen, was für bestimmte abendländische und asiatische Denktraditionen nur als Paradox gedacht werden kann: die Letztgeltung gerade der »Relativität« Gottes in seiner Offenbarung; die Fülle Gottes in der Fleischgestalt Christi; der Schatz der Wirklichkeit Gottes in den irdenen Gefäßen, die wir sind (2. Korinther 4,7). Die größte Gefahr im interreligiösen Dialog besteht darin, diese Unterschiede im Letzten, im Fundamentalen, im Denken von Gott und seinem Menschen nicht ernstzunehmen, zu überspielen oder zu verwischen und schon damit die eigene Position, das, was man in die Begegnung miteinzubringen hätte, preiszugeben.

c) Dialog unter Voraussetzung der letzten Einheit: das Partikulare (Besondere) als das Unwahre, Vorläufige und Uneigentliche

»Ich kann nicht sagen, daß, weil ich Gott auf diese Weise gesehen habe, die ganze Welt ihn auf diese Weise sehen müsse ... Die Religion eines anderen Menschen ist für ihn ebenso wahr, wie es die meine für mich ist. Ich kann nicht über eine Religion richten. ... Es gibt keine Religion, die absolut vollkommen wäre. Alle sind unvollkommen oder mehr oder minder unvollkommen.«[23] Hier spricht nicht etwa der Vertreter einer pluralistischen, religionsvermischenden Religionstheorie, sondern der bekennende Hindu Mahatma Gandhi. Die von Gandhi und anderen hinduistischen Denkern vertretene Position hat im Westen viel Zustimmung gefunden. Sie scheint den Idealen der Aufklärung sehr nahezukommen.

Ramakrishna verkündete, es sei töricht, sich von einer Religion zur anderen zu bekehren, denn *jede* Religion verkörpere einen Teil der Wahrheit; keine sei falsch, keine umfasse aber das Ganze. Swami Vivekananda, ein Schüler Ramakrishnas, gibt der hinduistischen Auffassung dadurch Ausdruck, daß für ihn zwar jede Religion ihren eigenen Gott entwickelt, die Unterschiede aber nur scheinbar sind, daß die Religionen vielmehr *eine* Wahrheit verbindet, daß *ein* Gott hinter den verschiedenen Ausprägungen dieser *einen* Wahrheit steht.

Farbdruck von Sadao Watanabe, Japan 1979

Gemälde eines unbekannten Hindu(?)-Künstlers für die moslemischen Mogulen-Herrscher, Indien

Kruzifix aus Holz und Ton des peruanischen Künstlers Edilberto Merida

Skulptur des brasilianischen Künstlers Guido Rocha

Entscheidend ist darum nicht, welche Religion man hat, sondern *daß* man eine hat. Diese Sicht erinnert in der Sache an die Ringparabel von G. E. Lessing. Diese hinduistische Überzeugung konvergiert nicht nur mit der Gottesvorstellung der deutschen Aufklärung: Es ist ein Gott in allen Religionen, nur in verschiedener Gestalt. Es liegt vielmehr nahe, hier auch die Brücke zu einem populärwissenschaftlichen Verständnis der Philosophie I. Kants zu schlagen: Das »Ding an sich«, in diesem Falle »Gott«, ist unerkennbar; uns ist nichts anderes möglich, als bloße und diverse Erscheinungsformen wahrzunehmen. Ebenfalls fast kantianisch mutet die Überzeugung des Hindu-Philosophen Radhakrishnan an, die Wahrheit gehe immer über die Reichweite des Menschen hinaus. Gott sei unerkennbar.

Es ist der Schleier der »Maya«, der den Menschen von Gott trennt und dessen Erkenntnis verhindert. Dieser östlichen Tradition des Hinduismus wie der westlichen Tradition der Aufklärung, die ein konkretes geschichtliches Handeln Gottes nicht mehr kennt und die Denkform der Heilsgeschichte preisgibt, ist eines gemeinsam. Das Partikulare ist nicht das Signum des Authentischen, sondern des Uneigentlichen. Das Partikulare ist nicht das Signum der geschichtlichen Wirklichkeit Gottes, sondern im Gegenteil Zeichen einer nur unwesentlichen, weil nur besonderen, nicht allgemeinen, eben darum [!] nicht allgemeingültigen Rede- und Erscheinungsweise Gottes. Für die Hinduphilosophie des Vedanta ist die Vielheit der realen Welt nur trügerischer Schein (»Maya«), Irreführung des Suchenden. Gerade für den reflektierenden Hindu-Gläubigen ist darum die – nur scheinbare – Vielheit der Religionen einschließlich der Offenbarungsreligionen Teil dieses Truges.

In der Einsicht in die Partikularität von Religion sind Christen und Hindus einig. Fundamental, unüberwindbar ist dagegen der Unterschied in der Wertung dieser Einsicht in die Individualität, Konkretheit und Positionalität einer Religion.

Es ist eindeutig, daß im Horizont jüdisch-christlicher Offenbarungsreligion hinduistische Konzeptionen nur als heidnisch abgewehrt werden können. Wer nur um uneigentliche, bloß scheinbare, nur vorläufige Gottes-Bilder weiß, ist Gott in Person noch nicht begegnet.

Es versteht sich von selbst: Würde man diese theologischen Voraussetzungen des biblischen Gottesglaubens, an die Christen wie Juden gleichermaßen *gebunden* sind, zu Voraussetzungen des Dialogs machen, käme das einer interpretatorischen Vereinnahmung der fremden als »heidnischer« Religionen gleich.

Weniger einleuchtend, aber in der Sache genauso eindeutig, ist der umgekehrte Sachverhalt. Wenn pluralistische Religionstheoretiker des Westens wie hinduistische oder neohinduistische Religionsphilosophen des Ostens die Vorläufigkeit und Uneigentlichkeit aller, auch der Offenbarungsreligionen propagieren, bedeutet dies eine Übernahme der hinduistischen Rahmenbedingungen des Dialogs und kommt in der Sache einer Preisgabe der eigenen Überzeugungen gleich.

d) Gewalttätige »Toleranz«

Christliche Theologen stehen unter dem Denkzwang bestimmter Grundüberzeugungen der Aufklärung, wie etwa der scheinbar selbstverständlichen Voraussetzung, es sei ein Gott in allen (Hoch-) Religionen und es sei dieser Gott geschichtlich nicht erkennbar, die geschichtlich vorliegenden Religionen seien vielmehr bloß – mehr oder weniger nebensächliche – Ausformungen des eigentlichen, abgesehen von der Form überall identischen Inhaltes. Dieser gemeinsame Inhalt ist eine vernünftig (philosophisch) zu begreifende Gottesidee. Auf diese Idee jenseits der konkreten Vorstellungen und Überzeugungen der unterschiedlichen religiösen Wirklichkeiten kommt es letztlich alleine an. Aufklärung wie Neohinduismus meinen, in diesem Konzept eine Gesprächsbasis zu finden, die Religionsfrieden stiften kann und Toleranz ermöglicht.

Diese vom Hinduismus heute mit Vehemenz vertretene und von christlichen Theologen unter dem Diktat der Denkfiguren der Aufklärung oft unbedacht übernommene Gesprächsplattform ist aber nur scheinbar tolerant. Sie bietet nur scheinbar eine Möglichkeit, das christliche Gotteszeugnis angemessen zu artikulieren.

Dies ist mühelos an den bereits zitierten Sätzen M. Gandhis zu zeigen: »Ich kann nicht sagen, daß, weil ich Gott auf diese Weise gesehen habe, die ganze Welt ihn auf diese Weise sehen müßte.«

»Gerne einverstanden!« möchte man sagen, wenn nicht schon diese Formulierung eine Voraussetzung unterstellte, die sich ganz und gar nicht von selbst versteht, sondern höchst dogmatischer und fundamentaler Natur ist: daß es um den *einen* Gott auf der ganzen Welt geht; daß alle denselben *sehen*, eben nur auf ihre Weise.

Daß wir hier nicht zuviel an Inhalt unterstellen, zeigt der nächste Satz: »Die Religion eines anderen Menschen ist für ihn ebenso wahr, wie es die meine für mich ist.«

Das klingt absolut tolerant. Hier scheint doch jeder sein Recht zu haben. Hier scheint der Hinduismus mit seinen Bedingungen für den interreligiösen Dialog doch im Recht zu sein – oder?

Was so tolerant klingt, ist in Wahrheit sehr vereinnahmend und intolerant, und zwar aus drei Gründen:

(1) Es mag Gandhi unbenommen sein, die eigene Position zu relativieren. Gandhi geht aber im gleichen Atemzug mit großer Selbstverständlichkeit entscheidend weiter: Nicht nur die eigene Position, Religion, auch alle anderen sind relativ. Woher weiß er das eigentlich? Grenzt nicht das schon – in der Sache – an eine »Unverschämtheit«? Ist nicht das schon eine Zumutung für alle die, die eben die in dieser Relativierung zum Ausdruck kommende hinduistische Grundeinstellung nicht teilen, nicht teilen können? Ist dies nicht zumindest für *die* so, die in dem gekreuzigten Christus nicht nur eine im strengen Sinne unwesentliche Erscheinungsweise Gottes sehen, sondern sich durch diesen Crucifixus in letzter Weise beansprucht wissen?

(2) Juden und Christen wird gerade das abgesprochen, was ihrem Selbstverständnis nach den Kern des biblischen Gottesglaubens ausmacht: nicht nur vor einem Gottes*bild* zu stehen, sondern in persönlichem Kontakt zu Gott, und nicht nur zu irgendeinem Gott, sondern zum lebendigen Gott, und nicht nur zu einem Teil Gottes, sondern zu Gott als solchem, zur »Fülle der Gottheit leibhaftig« (Kolosser 2,9). Es ist ja höchst bezeichnend, daß Gandhi die Vorstellung eines persönlichen Gottes ablehnt: »Gott ist nicht eine Person«, so urteilt er sehr dogmatisch und so gar nicht tolerant.[24] Die Härte dieser Auskunft zeigt einen Dissens im Grundsätzlichen an. Die hinduistische Theologie schließt von ihren Voraussetzungen her die Kernüberzeugung biblischer Offenbarungsreligion aus. Der im Verein

mit dem deistischen Konzept der Aufklärung vorgetragene und in der Neuzeit wie Moderne weiteren Schub erhaltende Toleranzgedanke ist in dieser Form nicht trag-, weil nicht konsensfähig.[25]

(3) Es wird aber nicht nur der Relativismus über die eigene Religion hinaus für alle anderen als ebenfalls gültig gesetzt und damit in höchst intoleranter Weise der Wahrheitsanspruch und das Gottesverhältnis der Angehörigen anderer Religionen bestritten. Der Kernpunkt der ganzen Argumentation besteht darin, daß Gandhi, und damit der hinduistische Gottesglaube, über die Propagierung eines allgemeinen Relativismus, einer allgemeinen Unvollkommenheit, einer allgemeinen Uneigentlichkeit sich selbst als absolute, vollkommene und eigentliche Religion etabliert.

Es verhält sich ja durchaus nicht so, wie Gandhi beansprucht: »Ich kann nicht über seine Religion richten.« Genau das Gegenteil ist ja der Fall. Es ist das Grunddogma des Hinduismus, das zum Tragen kommt, das zentrale Kriterium, an dem gemessen und mit dessen Hilfe gerichtet wird, wenn Gandhi fortfährt: »Es gibt keine Religion, die absolut vollkommen wäre [gemeint ist weniger die soziale Gestalt als vielmehr die theologische Dimension]. Alle sind sie unvollkommen oder mehr oder minder unvollkommen.« Das muß so sein, weil die geschichtliche Welt mit ihren Unterschieden nicht wahrheitsfähig ist, weil ferner alle ihre Erscheinungen darum bloß vorläufiger, uneigentlicher Natur sind und weil uns schließlich vom Wesentlichen, von Gott der undurchdringliche Schleier der Maya trennt.

In Wahrheit wird die *eigene* Position eben nicht der allgemeinen Relativierung aller anderen unterzogen. Durch diese allgemeine Relativierung der Geltung aller anderen wird die eigene Geltung und Position im Gegenteil erst absolut gesetzt. Wir stehen vor dem Grunddilemma, weil Selbstwiderspruch jeder relativistischen Position. Diese läßt *alles andere* bloß relativ sein; sie kann das aber nur tun, indem sie *für sich selbst* absolute Wahrheit und Gültigkeit reklamiert. Es ist schon sprachlich bezeichnend, daß Gandhi und Ramakrishna sehr exklusiv von »der Wahrheit« reden können: »Wollt ihr *die Wahrheit* [!] wissen? Gott hat die verschiedenen Religionen geschaffen, damit verschiedenen Suchern in verschiedenen Ländern zu verschiedenen Zeiten geholfen wird. Alle Lehren sind so nur verschiedene Wege, aber ein Weg ist niemals Gott selbst.«[26] Hier wird die eigene Position nicht etwa relativiert, sondern im Gegenteil subtil durchgesetzt zur Geltung gebracht! Es ist die eigene Position, die hier als universaler Rahmen für die Wirklichkeit aller anderen Religionen voraus- und absolutgesetzt wird. Was diese wesentliche, entscheidende Voraussetzung anbetrifft, ist der Hinduismus also ganz besonders intolerant. Akzeptiert man diese Voraussetzung, hat man sich faktisch dem zentralen hinduistischen Dogma unterworfen. Akzeptiert man sie nicht, gilt man als intolerant.

Es bleibt einem Dialog-Partner, der dem biblischen Gotteszeugnis verpflichtet ist, nur der Weg, die Intoleranz dieser Toleranz aufzuweisen. »Ein Weg ist niemals Gott selbst!« Mit letzter Schärfe und Intoleranz tritt Ramakrishna hier dem zentralen christologischen Bekenntnis, das er gut kannte, entgegen. Er muß es tun. Es widerspricht ja der eigenen Grundposition. Der große Hindu-Philosoph selbst stellt uns damit vor die Alternative, die die meisten Hindu-Denker wie viele christliche Dialog-Theoretiker nicht wahrhaben wollen: Christlicher Glaube *oder* Hinduismus.

Aus diesen Gründen muß die zentrale Frage lauten: Müßte sich wahre, wirkliche Toleranz nicht gerade darin zeigen, daß man auch diese, ja insbesondere diese fundamentale Frage offenhält und diesen eigentlichen, fundamentalen Dissens anerkennt, statt den anderen unter die eigenen Bedingungen von Toleranz zu zwingen und ihm Bedingungen des Dialogs zu diktieren?

Diese Frage stellt sich nicht nur angesichts des zu Unrecht gerühmten hinduistischen Toleranz- und Dialog-Modells. Sie stellt sich auch angesichts von theologischen Entwürfen, die sich zwar in christlicher Tradition sehen, sich in der Sache aber bereits einem sehr intoleranten und den Aussagewillen der eigenen Tradition entscheidend beschneidenden »Toleranz«-Dogma unterworfen haben.[27]

e) Uneinigkeit über die Plattform des Dialogs

Für eine gleichermaßen hinduistische wie aufklärerische Position ist das Partikulare, das Besondere, die geschichtliche Ausprägung einer

Religion das bloß Vorläufige, das Unvollkommene, das Vordergründige. Für eine Position, die biblischen Denkweisen verpflichtet ist, bleibt das Partikulare, Besondere, an die Zeit Gebundene von Offenbarung dagegen Ausweis und Signum der reflexiv nicht überholbaren Wirklichkeit Gottes in der Geschichte.

Für die *eine* Position ist die letzte Einheit jenseits aller dann notwendig nur vordergründigen Verschiedenheiten die Plattform des interreligiösen Dialogs. Dialog heißt dann eigentlich nur noch und im wesentlichen, diese vorausgesetzte Einheit einzuholen und trotz der – scheinbaren – Unterschiede zuzugestehen.

Für die *andere* Position kann es solch eine Einheit »hinter« der Welt der Religionen nicht geben, eben weil die erfahrene Wirklichkeit Gottes nicht jenseits dieser Welt, sondern in ihr, in Raum, Zeit und Geschichte zu finden ist.

Dialog der Religionen in jüdisch-christlicher Sicht kann darum eine solche »Einheit hinter« nicht als gemeinsame Überzeugung aller Partner voraussetzen. Der Dialog wird hier vielmehr die Gestalt einer offenen Begegnung haben, die die Unterschiede nicht leugnet, sie auch nicht als unwesentlich abtut und die sachliche Konfrontation in der Frage nach Wahrheit und Wirklichkeit nicht scheut.

Für einen solchen Dialog ist von seiten des christlichen Teilnehmers das Zeugnis unabdingbar, daß eine personale Gottesbegegnung und -beziehung möglich und wirklich ist. Dieses Zeugnis ist dann um so wichtiger, wenn Christen Angehörigen anderer Religionen begegnen, die diese Erfahrung nicht kennen.

Was in dem einen Modell die Solidarität und Einheit aller Religionen begründet: Die letzte Unerkennbarkeit Gottes, die sie alle zu bloß vorläufigen Veranstaltungen werden läßt, das ist im anderen Modell die authentische Offenbarung eines persönlichen Gottes, die die Religionen nicht eint, sondern trennt; je nachdem, ob sie nun in dieser Begegnung stehen oder nicht. Beides sind Grundtypen von Dialog, die auf einer völlig unterschiedlichen Auffassung von der Wahrheitsfähigkeit von Religion beruhen. Dies ist die nicht harmonisierbare Ausgangsposition für den faktisch stattfindenden Dialog und die sich faktisch vollziehende Begegnung zwischen Anhängern verschiedener Religionen.

Unabdingbar ist darum (1) die Einsicht, daß schon auf der Ebene der festzulegenden und offenzulegenden Rahmenbedingungen inhaltliche Entscheidungen fallen: Es gibt offenbar nicht die eine Vorstellung von dem, was »Gott« und was »Religion« ist, die so offen und interpretationsfähig und zugleich profiliert genug ist, daß sie sich als Grundlage für einen solchen Dialog der Religionen eignet. Grundlegend ist (2) die Einsicht, daß auch das hinduistisch-aufklärerische Modell schon eine eigene Position darstellt. Sie kann schon darum nicht den selbstverständlichen, »inhaltlich« neutralen Rahmen abgeben, in dem alle Religionen »gleich gültig« zu Wort kommen könnten.

Diese Uneinigkeit ist kein Unglück für den, der um die Endlichkeit, Geschichtlichkeit, Individualität und Konkretheit menschlicher Existenz weiß. Wer sich am biblischen Denken orientiert und am Zentraldatum der Inkarnation ausrichtet, der hat gelernt, diese spezifisch menschliche Verfaßtheit auch theologisch zu würdigen, ja wertzuschätzen! Die Uneinigkeit ist kein Unglück, weil sie die Menschlichkeit der Teilnehmer an einem interreligiösen Dialog deutlich werden läßt und vor der Anmaßung eines Gottesstandpunktes zu bewahren weiß, weil sie uns umgekehrt anleitet, das Konkrete zu würdigen und nicht in philosophischer Anmaßung zu überspringen.

Wer sich am biblischen Zeugnis orientiert, der wird die Positionalität, Lokalität, Temporalität und Personalität des Menschen theologisch zu würdigen und auch philosophisch zu schätzen wissen; der wird nicht auf Dialog verzichten wollen. Aber er wird ihn nüchterner führen: im Wissen um die weitreichenden und trennenden Unterschiede, und er wird gerade darum, weil er diese Differenzen unverstellt und unverkürzt in den Blick faßt, Möglichkeiten suchen und finden wollen, *mit* diesen Unterschieden zu leben. Er wird sie nicht illusionär auf einer bloßen Denkebene versöhnen, etwa zur Deckung bringen wollen. Er wird vielmehr *in* der Akzeptanz des anderen als *Fremden* auch zur Anerkennung von dessen Existenzberechtigung kommen.

III. Die gefährliche Rede von den Feindbildern – Verzicht auf hegemoniale Gesten

a) Die Angst vor dem »Fremden«

Angst geht um vor dem Fremden, oder präziser: davor, etwas als fremd, andersartig zu bezeichnen. Diese Angst ist zunächst verständlich. Denn das Fremde hat der Mensch immer wieder als bedrohlich empfunden, immer wieder auch die fremde Gottesverehrung. Das Fremde verunsichert, stellt mich in Frage, bedroht mich. Auf das Fremde und den Fremden re-agiert der Mensch also als Bedrohung und das heißt abwehrend, oft ängstlich oder gar aggressiv. Einsichten der Ethnologie und Kulturanthropologie und nicht zuletzt manche Aspekte und Kapitel der Missionsgeschichte machen die Dimension des Fremden suspekt. Das Fremde galt ja nur zu oft als das, was es *mit allen Mitteln* zu beseitigen und zu unterwerfen galt.

Mit der heute so verbreiteten Abwertung, ja Disqualifikation von Mission ist der Missionstheologie weithin aber auch die Dimension des Fremden verlorengegangen. Das Fremde darf es nicht geben. Das Evangelium von Jesus Christus als etwas dem anderen Fremdes – so die spezifisch missionstheologische Problemkonstellation – das würde ja unterstellen, daß ich etwas habe, was der andere noch nicht hat; es würde dann folgerichtig bedeuten, daß ich dem anderen, Fremden, etwas ihm Fremdes mitzuteilen hätte. Das wiederum schlösse (a) nicht nur ein Gefälle ein und damit ein Werturteil, sondern (b) auch noch eine Verpflichtung; es würde schließlich (c) den Angehörigen einer anderen Religion, der das ihm fremde Evangelium ja (noch) nicht hat, als Fremden »ausgrenzen«. Aus all diesen Gründen darf es »das Fremde« nicht geben; darf auch das Evangelium von Jesus Christus letztlich nichts Fremdes sein; kann es eigentlich auch keine Mission geben; muß der andere zumindest indirekt: ohne es direkt zu wissen, um es wissen; ist er vielleicht nicht bekennender Christ, zumindest aber »anonymer Christ«, Christ, ohne es zu wissen. Alles andere würde ihn ja ausgrenzen. Der Verkündigung des Evangeliums kommt darum vielfach nur noch eine kognitive Bedeutung zu: Im Heil *sind* die Menschen schon alle, freilich ohne es zu *wissen*. Das Evangelium klärt sie nur auf über das, was ohne ihr Wissen faktisch schon längst der Fall ist. Im Grunde – seinsmäßig – *sind* alle Menschen schon Christen, auch die Heiden; sie *wissen* es nur noch nicht.

b) Die schreckliche Tyrannei der Ver-ein-facher

Solche Ansätze, das Fremde als das Eigene zu begreifen, sind gut gemeint. Aber diese Strategien, das »Fremde« zu vermeiden, das »Fremde« als Kategorie auszuscheiden, haben äußerst bedenkliche Konsequenzen. Im Endeffekt führen sie zum Gegenteil dessen, was sie ursprünglich bezwecken wollten: Nicht nur die Kategorie des Fremden wird ausgegrenzt, sondern eben auch das, wofür diese Kategorie steht: das, was wirklich fremd ist, weil es sich nicht vereinnahmen, nicht auf den *eigenen* Begriff bringen, nicht als das Eigene verstehen läßt. Es gibt eigentlich nichts Schlimmeres, als daß das Fremde nicht fremd sein darf, daß es – wie es sich bei Eugen Drewermann schon sprachlich niederschlägt[28] – das Fremde gar nicht mehr geben darf; daß es nämlich nur noch uneigentlich – eben in Anführungsstrichen – existiert.

Was nämlich ist, wenn der andere gar nicht Christ sein will, auch nicht anonymer Christ? Wenn er mit Recht gar nicht an denselben Gott glauben will? Wenn er sich – mit inhaltlich guten Gründen – gegen eine solche Unterstellung östlicher wie westlicher Religionstheoretiker sperrt? Wenn er sich gegen diese Qualifikation als Vereinnahmung zur Wehr setzt? Wenn er – wie viele Muslime – alles andere sein möchte, nur nicht wie wir? Wenn der andere also fremd sein, bleiben möchte?

Käme es nicht darauf an, den anderen gerade dann zu tolerieren und ihm gerade dann Lebensrecht einzuräumen, wenn er tatsächlich anders und ein »Fremder« ist? Greift die Strategie der Eingemeindung hier nicht zu kurz?

Und besitzt sie nicht auch eine gefährliche Tendenz? Es ist ja immer der *eigene* Begriff, *mein* Begriff, auf den ich den anderen bringe. Es ist ja *meine* Vorgabe, mit der ich definiere, was uns gemeinsam ist, was uns verbindet, weil es nicht nur mir, sondern auch ihm zukommt. Es ist ja *mein* Kriterium, mit dem ich etwa dann als Gemeinschaft stiftend angebe, was das Wesen der Religion ist – etwa im Fall des Dialog-Modells von Hans Küng: »das Humanum«, »das wahrhaft Menschliche«[29]. Wenn aber, um beim Beispiel zu bleiben, die einzelnen Religionen bestimmten Kriterien unterworfen werden und wenn dann am Ende des Bewertungsprozesses Urteile wie »falsch« oder gar »böse« stehen, ist das andere dann wirklich in seiner Eigenart ernstgenommen? Wird es hier nicht gerade – unter dem wohlmeinenden Vorzeichen, nichts als »fremd« auszugrenzen – nun erst recht als fremd ausgeschieden, in unserem Fall sogar als böse und falsche Religion?[30] Wird es aber nicht allein deshalb als fremd, andersartig abgewehrt, weil es nicht »meinen« (*Hans Küngs*) Vorstellungen von dem entspricht, was Religion ihrem Wesen nach und in Wahrheit ist?

Und ist es nicht notwendig das Schicksal aller solcher Bemühungen, die nichts Fremdes als fremd gelten lassen[31], vielmehr alles in seiner letzten Einheit begreifen wollen, daß aus den Bemühungen um Einheit ein Streben nach, ja eine Tyrannei *der* Vereinheitlichung wird? Daß aus dem Aufsuchen der – angeblich vorgegebenen – Einheit in der Sache dann eine Vereinheitlichung, Ver-einfachung wird, die als »nebensächlich« oder gar falsch/böse ausscheidet, was nicht dem eigenen, vorgefaßten Begriff dieses angeblich allen Gemeinsamen entspricht?

Da niemand, kein Individuum, keine Religion über den Begriff von Gott, Religion etc. verfügt, der von allen anderen geteilt und eingesehen werden könnte, da jedes Denken ja unüberholbar individuell, positionell und horizontbezogen ist, kann nach Lage der Dinge ein Begriff vom Wesen der Religion nie etwas anderes sein als *mein individueller* Begriff von Religion. Wenn jede Religion eine Wirklichkeit *sui generis*, eigener Art und eigenen Rechtes ist, dann versagen z.B. alle gängigen Klassifizierungen und Funktionsbestimmungen: So sind z.B. eben nicht alle Religionen Erlösungsreligionen; es steht noch nicht einmal in allen Religionen »Gott« im Mittelpunkt. Wird darum »mein« Begriff von dem, was Religion »ihrem

Wesen nach« ist, oder aber auch irgendein anderer Begriff von ihr zum Maß aller Dinge, kann es gar nicht anders sein, als daß der so gut gemeinte Wille zum Auffinden einer letzten Einheit, die nichts wirklich fremd bleiben läßt, genau zur Ausscheidung des – meinem Begriff nach – Fremden führt.

Es gibt kaum etwas Schlimmeres für das Fremde, als nicht mehr »fremd« sein zu dürfen. Denn wenn es »Fremdes« nicht mehr geben darf, dann muß das Fremde ja so sein wie das, dem es sonst fremd erscheinen würde. Wenn man anderes nicht mehr ausgrenzen will als »fremd«, dann ist die humane Motivation unbestritten, unbestreitbar aber auch die inhumane Konsequenz. Die stellt sich dann ein, wenn das andere, um nicht fremd zu sein, nur so sein darf, wie ich es bin. Die hier drohende und vielfach auch wirkliche Strategie der Vereinnahmung des Fremden unter dem Vorzeichen des Respektes vor dem anderen ist im Endeffekt sehr arrogant. Sie praktiziert ganz das Gegenteil von dem, was ihre Wortführer propagieren: Aus der Achtung vor dem anderen resultiert einerseits seine Vereinnahmung in dem Umfang, in dem es meinem Begriff entspricht. Andererseits wird rücksichtslos all das ausgeschieden, was wirklich andersartig ist und sich dem Diktat meines Begriffes von Einheit und Wesen nicht beugt. Aus dem Respekt vor seiner Individualität wird unter der Hand deren Qualifikation als einer bloßen Variante, die selbst nicht wesentlich und wahrheitsfähig ist. Wir stehen hier vor der alten, falschen, hegemonialen Geste in einem neuen, subtileren und ungleich wirksameren Gewand!

Was gut gemeint war und dazu dienen sollte, die Fehler der Vergangenheit zu vermeiden, führt zu deren Wiederholung in Potenz. Was unter dem Aspekt der Missionsgeschichte als Fremdes und darin in seiner Eigenart anerkannt wurde, kann jetzt nur noch als gegebenenfalls minderwertige Variante ohne eigene Bedeutung, als uneigentliche Form ohne jedes Eigenrecht zur Sprache kommen.

Wer sich zum Gottesstandpunkt aufschwingt und sich eine Schau des Wesens von Religion oder auch der letzten Einheit der Religionen anmaßt, der hat dann natürlich dem Anspruch nach ein Instrument in der Hand, zwischen den Religionen wie innerhalb der Religionen zwischen Böcken und Schafen zu scheiden, und er wird diesem Anspruch auch mit höchstem moralischem Nachdruck nachkommen.

c) Die üble Gastfreundschaft des Riesen Prokrustes

Die Verfahren sind unterschiedlich. Im einen Fall wird »das wahrhaft Menschliche« in christlich-abendländischer Tradition als das Wesen von Religion so gefaßt, daß dann die – *so bezeichnete* (!) – »Tempelprostitution« und »Witwenverbrennung« nur noch Perversionen dessen sind, was Religion darstellt.[33] Im anderen Fall gibt der Grundsatz von der Unerkennbarkeit Gottes und der bloßen Vorläufigkeit aller Religionen den Rahmen eines interreligiösen Dialogs ab, in den dann der Anspruch einer persönlichen und unüberholbaren Gottesoffenbarung in der Geschichte am Kreuz Christi nicht hineinpaßt. Im dritten Fall lehnt man/frau konsequenterweise schließlich eine Religion ab, die einen Gott anbetet, der seinen eigenen Sohn grausam und blutig hinrichten läßt.[34] In *jedem* Fall aber wird eine geschichtliche, partikulare Größe auf das »Prokrustesbett« gelegt; wird abgehauen oder je nachdem auch gestreckt, was übersteht oder zu kurz geraten ist – gemessen natürlich an einer vorgefaßten Gottes-Idee: den immer individuellen Begriffen dessen, der die Macht zur Definition hat!

Wirkliche Anerkennung des anderen würde demgegenüber zunächst einmal bedeuten, auf einen Begriff zu verzichten, dem der andere entsprechen muß, damit ich ihn als das akzeptieren kann, was er meines Erachtens sein sollte. Wirkliche Anerkennung ist Anerkennung der – möglichen – Wesensfremdheit, Anerkennung völliger, nicht verrechenbarer, nicht auf einen eigenen abschließenden Begriff zu bringender Andersartigkeit des anderen.[35]

Wirkliche, echte Toleranz äußert sich nicht darin, daß ich diese Fremdheit des anderen durch eine projektierte Gemeinsamkeit, in der wir dann eins und uns nicht mehr fremd sind, zu beseitigen suche. Sie zeigt sich vor allem darin, daß ich – in der Sprache von E. Levinás – den anderen als Anderen, als von mir nicht auf einen Begriff zu bringendes Gegenüber wahrnehme.

d) Das Feindbild von den »Feindbildern«

Wahre Toleranz zeigt sich nicht darin, daß es auf einmal keine Gegner oder gar Feinde mehr gibt. Es gibt heute eine weitverbreitete Gepflogenheit, vor »Feind*bildern*« zu warnen. Die Rede von den bloßen »Feindbildern« suggeriert, daß keine Gegensätze in der Sache bestehen, daß diese vielmehr nur scheinbar gegeben seien. Dem ist entgegenzuhalten, daß schon Jesus, und mit ihm die gesamte biblische Tradition, darum wußte, »daß es nicht nur ›Feindbilder‹, sondern auch wirkliche Feinde gibt. Das schwerste Gebot für den Christen lautet nicht: ›Hütet euch vor Feindbildern!‹, sondern ›Liebet eure Feinde!‹«[36] Auch das Feindbild von den bloßen ›Feindbildern‹ unterstellt eine Einheit in Form von sozialer Harmonie, die den Dialog, speziell auch den Dialog von Angehörigen verschiedener Religionen, nicht fördert, sondern im Gegenteil gerade hemmt.

Heute wird vielfach unter dem Vorzeichen scheinbarer Harmonie dazu aufgerufen, auf Konflikte und die Austragung von Gegensätzen zu verzichten. Damit wird vielleicht ein sogenannter »Religionsfrieden« gefördert, mit Sicherheit aber die Vormachtstellung dessen gestärkt, der seine Begriffe und Vorstellungen am besten durchsetzen und nun unwidersprochen präsentieren und zur Vorherrschaft bringen kann. Wer Gegensätze nur in substanzlosen Feindbildern begründet sieht und darum Konflikte unterdrückt, der wird umgekehrt denjenigen der Vorherrschaft des Stärkeren unterwerfen, der auf dem Feld des Dialogs seine Ziele und Anschauungen, seine individuelle Position am schlechtesten zur Geltung bringen kann. Auch hier gilt: Der Respekt vor dem anderen verlangt es, ihm nicht nur eine *fremde*, weil für mich nicht mehr integrierbare, sondern darüber hinaus auch eine *gegensätzliche*, ja feindliche Position zuzugestehen, ja geradezu einzuräumen. Frieden, oder weniger anspruchsvoll: ein weniger konfliktträchtiges Miteinander kann es nur da geben, wo die Gegensätze nicht unterdrückt werden und sich dann eines Tages eruptiv Ausdruck verschaffen; wo sie vielmehr artikuliert ausgetragen, und d.h. in vielen Fällen: wo sie auch persönlich erlitten werden können.

Es ist oft zu beobachten: Auch die Gesprächs- und Verhaltensmuster des interreligiösen Dialogs »zielen auf Konsens und Übereinstimmung, nicht auf Auseinandersetzung, suggerieren Gemeinschaft und gemeinsames ... Empfinden« (Cora Stephan).[37] Diese Zielsetzung ist verständlich angesichts so mancher gewalttätiger Auseinandersetzungen, die zumindest eine religiös-konfessionelle *Komponente* hatten und haben. Sie ist freilich in dieser derart einseitigen Ausformung kurzschlüssig. Denn, so Cora Stephan mit Recht: »Gemeinschaft setzt ... auf Eingemeindung und Ausschluß, nicht auf – wenigstens punktuelles – Einigen mit dem, was fremd ist und – vor allem! – auch fremd bleiben darf.«[38] Ich ergänze: Sie setzt nicht auf ein Miteinander mit dem, was im *Gegensatz* steht, womöglich meiner eigenen Position feindlich gegenübersteht und das auch darf. Denn die – wenigstens teilweise – Bewältigung der Konflikte setzt doch voraus, daß diese zuvor auch und gerade im interreligiösen Dialog beim Namen genannt und artikuliert werden können.

Richard Sennett deckt auf, daß »im Streben nach einer gemeinsamen Identität die Verfolgung gemeinsamer Interessen unmöglich wird«[39], eben weil dieses Streben nach Identität die Artikulation und Unterscheidung von gemeinsamen und bloß individuellen Interessen gar nicht erst zuläßt. Diese gruppendynamisch bedingte Unterstützung bestimmter Sonderinteressen und Positionen wirkt aber langfristig friedenstörend, weil sie für die Betroffen unbefriedigend ist und auf Dauer nicht hingenommen wird. Darum ist es gerade auf dem Feld des interreligiösen Dialogs um der Sache bzw. um des Friedens willen notwendig, auf einen »Schmusekurs« à la »Wir glauben doch alle an denselben Gott!« zu verzichten und zunächst in aller Offenheit zu formulieren, was uns trennt.

IV. Für die Wahrheit leiden –
Verzicht auf eine unreflektierte Forderung nach »Sach-Toleranz«[40]

a) Unbedingte Toleranz gegenüber der Person des anderen

1. Nächsten- und Feindesliebe als Basis jeder interreligiösen Begegnung

Es ist notwendig, das Fremde als Fremdes zu akzeptieren und es nicht nur dann und dadurch anzunehmen, daß es sich in das Eigene integrieren, auf den eigenen, »meinen« Begriff bringen läßt. Damit ist als entscheidende christliche Voraussetzung interreligiösen Dialogs die Liebe zum Nächsten angesprochen. Diese schließt im Extremfall auch die Liebe zu dem Nächsten ein, der mir zum Feind wird und gegebenenfalls meine Existenz bedroht (vgl. Matthäus 5,43f). Diese Nächsten- und Feindesliebe praktiziert eine Person-Toleranz, die eine Gemeinschaft auch mit dem Fremden, anderen, ganz anderen trägt, weil sie bereit ist, auch sein Fremdsein, Anderssein, ja Gegnersein auf sich zu nehmen. Sie ist bereit, selbst seiner Feindschaft nicht auszuweichen, sondern noch diese buchstäblich zu tolerieren, zu ertragen.

Geboten ist hier freilich der Verzicht auf das Feindbild der Feindbilder. Geboten ist der Verzicht auf einen alle Unterschiede und Gegensätze zudeckenden »Schmusekurs« nach dem Motto: So groß sind die Unterschiede doch gar nicht! Geboten ist umgekehrt die Bereitschaft, Gegensätze und Konflikte auszuhalten und in Liebe: in der Annahme der Person des anderen, in der Bejahung seiner unbedingten Existenzberechtigung auszutragen. *Diese* Anerkennung des Existenzrechtes des anderen ist dann verläßlich, weil es nicht in meinem menschlichen Ja, sondern in Gottes Ja zu ihm wurzelt.

Erst ein solcher Verzicht auf Illusionen schafft die Bedingungen für einen Dialog der Religionen, der zum Frieden unter den Menschen beizutragen vermag, die einander im Alltag als Angehörige verschiedener Religionen begegnen. Solcher Dialog der Religionen ist ganz ausgesprochen ein Dialog der *Angehörigen* der verschiedenen Religionen. Solch ein Dialog ist darum ganz bestimmt keine intellektuelle Veranstaltung, sondern eine sehr alltägliche Angelegenheit. Solch ein Dialog vollzieht sich ganz gewiß nicht als ein theoretischer Vergleich von religiösen Denkweisen, sondern als ein Aufeinandertreffen verschiedener religiöser Wirklichkeiten und Mächte. Christen haben immer wieder die Erfahrung gemacht, daß ein solcher Dialog, ein solches Bekennen (griechisch: *martyrein*) der einen selbst tragenden Gottesbeziehung Martyrium bedeutet. Dialog kann nur dort entstehen und gelingen, wo diese Bereitschaft zum Martyrium in seiner Doppelgestalt gelebt wird: als diakonisches *Bekennen*, das in Gegensätze und Konflikte hineinführt, und als getröstetes *Leiden* am Gegensatz und womöglich an der Feindschaft des anderen.

2. Christliches Wahrheitszeugnis als »Martyrium«

Nach Martin Luther gehört es zum Wesen des »natürlichen Menschen«, daß er nicht will, daß Gott Gott ist, weil er selber Gott sein will. F. Nietzsche trifft darum die Pointe der christlichen Sündenlehre, wenn er die »Theorie eines in allem Geschehen sich abspielenden *Macht-Willens*« entwirft.[41] Er begreift die ganze Welt als Miteinander und Widereinander von »Willen zur Macht« (im Plural!), und er versteht nicht nur das Leben selbst[42], sondern auch alle seine Lebensäußerungen, inklusive des Willens zur Erkenntnis der Wahrheit, als Funktionen dieses »Willens zur Macht«[43]. Erkennen der Welt, des anderen, das ist dann Teil jenes Herrwerden-Wollens über das andere, das »interpretiert« wird, sofern es sich diese »Zurechtmachung«, diesen Begriff eines anderen Willens zur Macht gefallen läßt bzw. gefallen lassen muß, weil dieser eben stärker ist.[44] Wenn freilich Erkenntnis nach Nietzsche ausschließlich »Willen zur Macht« ist, dann ist »Wahrheit« allerdings nichts anderes als eine »Illusion«.[45] Dann stehen sich eben im Dialog der Religionen wie in allen anderen Begegnungen nur »Willen zur Macht« gegenüber, die eines auf Biegen und Brechen versuchen: die eigene Position zu bewahrheiten, zu behaupten, durchzusetzen, zur Herrschaft zu bringen.

Batik des indischen Künstlers Solomon Raj

Ebenholzplastik des zeitgenössischen surinam-chinesischen Künstlers Paul Woei

Batik »Kreuzigung« von Bagong Kussudiardja, Yogyakarta, Indonesien

Fresko in der Apsis der Kapelle des Libermann College in Douala, Kamerun, von Engelbert Mveng

Hier stehen wir vor der zentralen Frage nach der angemessenen Gestalt des christlichen Zeugnisses. Diese Frage berührt nicht nur den interreligiösen Dialog, sondern reicht weit über ihn hinaus: Wie ist die Wahrheit des eigenen Glaubens so zu bezeugen, daß sie nicht nur Ausdruck des eigenen individuellen Willens zur Macht ist; daß sie nicht bloß der Selbstbestätigung, ja Selbstbehauptung des jeweiligen religiösen Individuums dient?

Wahrheit ist nur dann nicht Illusion, wenn sie nicht das Ergebnis eines Willens zur Macht ist, der sich eben auch in interpretatorischen – dann als »Erkenntnis« qualifizierten – Überwältigungsakten vollzieht; wenn sie alles andere ist als dieser sich selbst zu Geltung und Macht bringende Wille zur Macht. Inbegriff eines solchen authentischen Wahrheitszeugnisses ist das Martyrium dessen, der auf die Frage des Pilatus: »Was ist Wahrheit?« (Johannes 18,38) mit dem Verzicht auf jede Selbst-Behauptung und mit der Dahingabe seines Lebens antwortet.

In den entscheidenden Jahren seines Wirkens verzichtet Jesus ganz auf jede Selbst-Behauptung; mit den Worten des Johannesevangeliums: Er sucht nicht seine Ehre, sondern nur die des Vaters. Er bringt sich nicht selbst zur Geltung, sondern nur den Vater. Er ist der einzige Mensch, der sich nicht selbst behauptet. Das heißt: Er ist der einzige Mensch, für den nicht das eigene Überleben und die eigene Geltung im Mittelpunkt allen Lebens steht; der nicht Wille zur Macht ist. Er ist der einzige Mensch, der nicht sich selbst zum Thema macht. Es hat viele Ursachen, daß der irdische Jesus um seine messianische Würde und Rolle zwar gewußt, sie in vielen Taten auch indirekt zum Ausdruck und zur Geltung gebracht, aber sie so wenig ausdrücklich beansprucht hat. »Jesus« selbst war eben nicht Thema des Jesus von Nazareth. Nicht Selbst-Behauptung, Aussagen über das eigene Ich, sondern die Herrschaft Gottes des Vaters bestimmte ihn ganz und gar (vgl. nur Markus 1,15; Matthäus 6,33f). Es ist nur konsequent, daß dieser auf alle Macht-Mittel verzichtende Gott nicht den Dienst anderer zum Zwecke eigener Selbst-Behauptung will. Er sieht vielmehr den Sinn seiner Sendung im Verzicht auf das eigene Leben und in seiner bewußten Dahingabe um des Lebens anderer willen: Die hoheitliche Herrschergestalt des Menschensohnes »ist nicht gekommen, um sich dienen zu lassen, sondern um zu

dienen und sein Leben hinzugeben als Lösegeld für die Vielen«
(Markus 10,45).

Dieser Jesus, der sein Leben hingibt für andere, dieser Jesus ist
nicht Wille zur Macht. Seine Wahrheitsbehauptungen sind nicht
Selbstbehauptungen. Seine Wahrheit ist die einzige, die nicht dem
Illusionsverdacht unterliegt, nichts anderes zu sein als Ergebnis in-
terpretatorischer Überwältigungsakte. Sein Reden von Wahrheit
vollzieht sich nicht als Selbstbehauptung eines Willens zur Macht,
sondern im Gegenteil als Zurücknahme aller Selbst-Behauptung –
bis hin zum Verlust des eigenen Lebens.

Christliches Wahrheitszeugnis entgeht dem Illusionsverdacht
nur dann und insoweit, wie es an dieser Gestalt des Zeugnisses Jesu
teilhat. Es ist nur insofern authentisch und nur insoweit gegen den
Verdacht gefeit, Äußerung eines Willens zur Macht, Funktion religiöser Selbstbehauptung zu sein, wie es teilhat an dieser im Leben
Jesu Gestalt findenden, allein wahrheitsfähigen Weise des Redens
von Wahrheit: als Zeugen (*martyrein*), das seinen konsequentesten
(theo-)logischen Ausdruck im *Martyrium* findet.

b) Die Wahrheit bekennen in Liebe!

Erst wo die unbedingte Person-Toleranz voraus-gesetzt ist, kann,
darf und muß man dann freilich auch vom Gebot unbedingter Intoleranz *in der Sache* sprechen. Nur so läßt sich für den interreligiösen
Dialog die Weisung einholen, die Paulus für christliche Kommunikation vorgibt: »Laßt uns aber die Wahrheit bekennen in Liebe!«
(Epheser 4,15).

Wahrheit und Liebe markieren zwei verschiedene und aufs
strengste zu unterscheidende Dimensionen des biblischen Zeugnisses. Sie gehören aber gleichzeitig auch aufs engste zusammen, so
eng, daß es keine Erkenntnis der Wahrheit gibt ohne diese Liebe.
Denn die – rein kognitive – Erkenntnis, der bloße Begriff von etwas
bläht auf, die Liebe aber erbaut; erst sie erreicht den anderen und
baut Reich Gottes (1. Korinther 8,1). Es macht das Spezifikum des
biblischen Profils von »Erkenntnis« aus, daß es sich nicht reduzieren

läßt auf ein totes Wissen, auf eine bloße Orthodoxie; daß Erkennen und Erkenntnis immer auch einen Beziehungs-Aspekt haben; daß der andere immer mit im Blick ist, wenn es um Erkenntnis geht. Dieses hebräisch-biblische Profil von Erkenntnis ist der Hintergrund für die Kritik des Paulus an den Korinthern und ihrem hellenistisch-griechischen Begriff von Erkenntnis. »Durch deine Erkenntnis kommt der Schwache um« (1. Korinther 8,11). Es gibt eine Erkenntnis, die für den Nächsten, den anderen, tödlich ist. Sie ist es dann, wenn sie ihn nicht als Person, als Gegenüber im Blick hat. Liebe, ein konstruktives Sich-auf-den-anderen-Beziehen, eine Akzeptanz der anderen Person, die für sie das Beste will, ist darum die Grundvoraussetzung für alle kommunikativen Erkenntnisprozesse.

Umgekehrt darf die Erkenntnis selber nicht aufgelöst werden in die Liebe/in ein bloßes Beziehungsgeschehen hinein. Das Evangelium besteht eben nicht schon darin, daß »ich« den Nächsten, auch den Gegner und selbst noch den Feind liebe. Diese Liebe zum Nächsten ist in der Nachfolge Christi zunächst vor allem Liebe Christi, Liebe zu Christus und – durch uns hindurch – eben auch die Liebe des Christus. Diese »Liebe Christi drängt« uns dann, das Evangelium von der Versöhnung (2. Korinther 5,14f) offensiv weiterzusagen. Die auch kognitive Elemente besitzende Verkündigung des Evangeliums geht in dieser Liebe nicht auf, geschieht aber im Horizont dieser Liebe, motiviert durch diese Liebe und von dieser Liebe.[46] Die Verkündigung des Evangeliums und d.h. eben die Zumutung des »Wortes vom Kreuz« ist selber Ausdruck dieser Liebe. Alles wäre mißverstanden, der christliche Glaube wäre preisgegeben, wo man um der Liebe willen auf diese Zumutung als Mitte des Evangeliums verzichten würde oder gar das Evangelium in eine bloße distanzlose Zuwendung zum Nächsten auflösen wollte.

Die hier im Gefälle des biblischen Denkens[47] getroffene Unterscheidung wie betonte Zusammengehörigkeit von Wahrheit und Liebe, unbedingter Person-Toleranz und ebenso unbedingter Intoleranz in der Sache, nimmt eine Unterscheidung vor, die unserem Wesen fremd ist. Der römische Schriftsteller Plinius d. J. beschreibt eine sehr viel »natürlichere« (im Sinne von gängigere) Haltung: *Qui vitia odit, homines odit*: Wer die Fehler der Menschen haßt, haßt die

Menschen selbst.[48] *Ist das* nicht die alltägliche Realität? Wir lehnen in der Regel oder zumindest zunächst auch die Menschen ab, die – in unseren Augen – Fehler machen, irren.

Baut nicht ein illusionäres Wolkenkuckucksheim, wer dem die strenge Unterscheidung von Person und Sache entgegensetzt?

Dieser Einwand ist richtig, insofern er die Verfaßtheit des »natürlichen Menschen« betrifft und ein den Menschen zunächst einmal bestimmendes, anthropologisch verankertes Verhalten markiert. Von Haus aus verhalten wir uns eben nicht so, daß wir Person und Sache, den Menschen und seine Lebensäußerungen unterscheiden, unterscheiden wollen und zu unterscheiden wissen. Der Grund für eine alternative Verhaltensweise liegt tatsächlich nicht in uns selbst, sondern allein im Evangelium. Dieses besteht ja gerade in der guten Nachricht, daß Gott zu unterscheiden weiß, ja – aufgrund des stellvertretenden Todes Christi – zu trennen *vermag* zwischen unseren Sünden (Fehlern, Irrtümern und gottfeindlichen Lebensäußerungen) und uns als Person. Gott liebt den Sünder und haßt die Sünde. Daß jemand die Person zu lieben vermag, während er gleichzeitig deren Orientierung kompromißlos ablehnt, das ist tatsächlich alles andere als selbstverständlich; das ist begründet nur im Evangelium. Von diesem Evangelium her ist es freilich dann auch für uns eine Verpflichtung auf die einzige Weise, wie ein missionarischer Dialog möglich sein kann: einerseits die Wahrheit festzuhalten in Liebe, die Wahrheit zu bekennen gegen den Irrtum, gegen die falsche Orientierung, die wir nur kompromißlos ablehnen können, und gleichzeitig dem anderen als Person ebenso kompromißlos unsere Anerkennung, Zuwendung, Hilfe spüren zu lassen. Daß ein solches Verhalten oft zunächst nicht verstanden wird, darf uns nicht abschrecken; daß wir selbst es erst einüben und immer neu bewähren müssen, ebensowenig. Denn so, nur so, in dieser Unterscheidung von Wahrheit und Liebe, Person-Toleranz und Intoleranz in der Sache, kann das Evangelium in seiner heilbringenden Unterscheidung von Sünde und Sünder zur Sprache kommen, Geltung erlangen und anschaulich werden.

c) Unbedingte Intoleranz gegenüber »fauler Sach-Toleranz«

Von der Person-Toleranz ist darum die Sach-Toleranz zu unterscheiden. Es sind vor allem sieben Gründe, die uns – *unter Voraussetzung* absoluter Person-Toleranz – auf unbedingte Intoleranz in der Sache verpflichten:

1. Das Konzept »Sach-Toleranz!« entbehrt letztlich der logischen Stimmigkeit

Das zeigt schon das Beispiel der unterschiedlichen Rahmenbedingungen für einen interreligiösen Dialog. Schließt man sich dem Einheitsmodell an, wie es von Hinduisten, Buddhisten und Theoretikern in sachlicher Nähe zum Gottesbild der Aufklärung vertreten wird, dann kann Geschichte, das Besondere, Kontingente nicht der Ort der Gottesoffenbarung sein. Der scheinbar so tolerante Rahmen widerspricht den Offenbarungsreligionen Judentum und Christentum von vornherein in deren entscheidendem Aussagewillen.

Und umgekehrt: Die biblischen Gotteszeugnisse sind ihrer Natur nach exklusiv. Wenn das Johannes-Evangelium die Bedeutung Jesu Christi in dem Satz zusammenfaßt, er sei der Weg (zum Vater), die Wahrheit und das Leben (Johannes 14,6), dann werden hier andere Wege, andere Wahrheiten, andere Lebensquellen genauso ausgeschlossen wie schon durch das erste Gebot.

Das biblische (christliche wie jüdische) Gotteszeugnis hat also von vornherein einen schon im Kern exklusiven und insofern polemischen, das Gottsein anderer Götter ausschließenden Charakter. Die Bibel weiß zwar um die Existenz anderer Götter; aber es ist doch klar, daß diese Götzen nur Nichtse sind, die nicht wirklich etwas vermögen, und daß allein der Gott Israels der lebendige, wahre Gott ist (1. Korinther 8,6; Jesaja 45,20-22; Psalm 96,5; 97,7; 95,3). Und zur Rechten Gottes, des Vaters, sitzt nur einer: der Kyrios, der den Namen Jesus trägt und vor dessen Namen sich einmal alle werden beugen müssen (Philipper 2,10). Darum ist es nicht möglich, den Wahrheitsanspruch des christlichen Glaubens auf einen bloßen christlichen Binnenraum zurückzunehmen und im Bekenntnis zu Jesus Christus als dem Herrn lediglich den Ausdruck einer religiösen Bindung und Verpflichtung oder Wertschätzung, womöglich Erfahrung zu sehen.[49] Ebensowenig bietet sich der Weg an, diesem Exklusivitätsanspruch durch die Forderung nach (mehr) Toleranz (der Christen gegenüber anderen Religionen) Einhalt gebieten zu wollen.

Das Problem aller Verständigung über »Toleranz« besteht darin, daß der Begriff »Toleranz« undifferenziert gebraucht und pauschal positiv verstanden wird. Gerade dann, wenn es das Ziel ist, Toleranz zu stärken, d.h. den mit Recht vertretenen Anspruch auf Person-Toleranz zu erhalten und nicht in Mißkredit zu bringen, darf man aber die Anstrengung des Begriffs und die Mühe der Unterscheidung nicht scheuen. Das neuzeitliche Toleranz-Postulat hat darin seine Bedeutung, daß es dazu auffordert, zwischen einer Theorie, einer Meinung und deren Träger/Vertreter zu unterscheiden. Der Bereich der Wissenschaft hat insofern Vorbild- und Vorreiterfunktion, als hier nicht mehr die Beseitigung des andersdenkenden Wissenschaftlers, sondern die Widerlegung der konkurrierenden Theorie Programm und Mittel des Erkenntnisfortschrittes ist.

Eine im Namen der Toleranz an den christlichen Gesprächspartner gerichtete Forderung nach *Sach*-Toleranz kann aber nicht anders, als sich selbstwidersprüchlich zu gebärden. Die Forderung nach Sachtoleranz kann ja gar nicht anders, als in höchst intoleranter Weise den christlichen Gesprächspartner zur Aufgabe des *Kerns* seiner religiösen Überzeugung aufzurufen. Da das exklusive Herr-Sein Christi den Kern des christlichen Gottesglaubens ausmacht, ist ja jede Aufforderung, auf diese Exklusivität zu verzichten, zugleich eine Aufforderung, den Kern des eigenen Gottesglaubens preiszugeben. Was aber könnte intoleranter und insofern inkonsequenter sein als diese dazu noch im Namen der Toleranz vorgetragene Toleranz-Forderung?

2. »Sach-Toleranz« verführt zur interpretatorischen Vereinnahmung

Viele Beispiele aus dem Bereich der vergleichenden Religionswissenschaft und aus der Geschichte der Begegnungen von Angehöri-

gen verschiedener Religionen zeigen, daß die beanspruchte Sach-Toleranz in der Regel auf Kosten des schwächeren »Dialog«-Partners
geht. Wo Sach-Toleranz als Nebeneinanderstehen verschiedener
Wahrheiten gefordert und – scheinbar – praktiziert wird, setzt sich
in der Regel eben doch der durch, der die Macht zur Definition hat.
Wir sahen bereits: Wenn von Hinduisten oder Buddhisten, von Mahatma Gandhi bis zum XIV. Dalai Lama die eine Wahrheit aller Religionen beschworen wird, dann ist damit (1) immer nur die *Teil-
wahrheit* der anderen Religionen gemeint, dann wird (2) der exklusive Wahrheitsanspruch von Judentum und Christentum als absolut
und intolerant verneint; dann wird (3) *de facto* aber sehr wohl die
Wahrheit der eigenen Religion, die eben die Teilwahrheiten der anderen behauptet, absolut gesetzt.

Gegen solche in Wahrheit sehr imperiale Begriffe von Religion
kann sich gegenwärtig der christliche Glaube kaum wehren. Er ist
geschwächt durch die mannigfache Schuld, die Christen in der Vergangenheit in der Begegnung mit Angehörigen anderer Religionen
auf sich geladen haben. Gerade diese Schwäche läßt ihn in der Gegenwart allzu schnell zum Opfer einer Tyrannei der Intimität, eines
Zwangs zur Nähe werden, die für sachliche Erwägungen keinen
Raum mehr läßt.

Solchen vereinheitlichenden und vereinnahmenden interpretatorischen Vergewaltigungsakten gilt es im Namen der Menschlichkeit und mit den Mitteln der Logik entgegenzutreten. Sie entsprin-
gen nach F. Nietzsche gerade nicht einem Willen zum Bestehen-las-
sen der anderen, sondern im Gegenteil dem eigenen Willen zur
Macht und zur Überwältigung des anderen.[50]

3. »*Dulden heißt Beleidigen*«

Kein Geringerer als der des Dogmatismus nun wirklich unverdäch-
tige »Frei-Geist« J. W. von Goethe hat gesagt: »Dulden (tolerieren)
heißt beleidigen.«[51] Die Aufforderung zur *Sach*-Toleranz ist nicht
nur eine Beleidigung des eigenen wie des fremden Intellektes: Verschiedene Wahrheiten können nicht unausgetragen nebeneinander
bestehen, ohne daß der Wahrheitsgedanke selbst geschwächt wird.
Eine bloße Duldung der Position des anderen beleidigt ihn vor allem

auch deshalb, weil sie ihn auch als Person nicht ernst nimmt. Die Einschätzung als Gegner oder als Feind erweist dem anderen mehr Ehre, gibt ihm mehr Würde, als ein bloßes Übersehen, Nicht-Ernst-nehmen, Nicht-Stellungnehmen oder gar Vereinnahmen seiner Position.

Wiederum kommt alles darauf an, zwischen »Wahrheiten« und »Wahrheitsansprüchen« zu unterscheiden. Wo mehrere und unterschiedliche Wahrheitsansprüche nebeneinander laut werden, da befinden diese sich in einer Konkurrenz zueinander. Es gehört zum Wesen dieser Konkurrenz, daß (a) die einzelnen »Konkurrenten« sich unterscheiden, also als jeweils füreinander »fremde«, nicht verrechenbare und eben nicht identische Größen gelten müssen und (b) daß die Konkurrenz ein Zustand in der Zeit ist, daß sie also wie ein Wettkampf ausgetragen werden muß. Es gibt einen Zeitraum, in dem das »Rennen offen« ist, in dem verschiedene Ansprüche für verschiedene Wahrheiten nebeneinander bestehen und eben noch (!) nicht klar ist, welcher wirklich die Wahrheit zu Recht beansprucht. Es liegt aber im Wesen dieser Konkurrenz, daß dies prinzipiell nur ein Zustand auf Zeit ist.

Es ist selbstverständlich und zugleich unabdingbar, daß im interreligiösen Dialog – wie in jeder Begegnung von Menschen mit unterschiedlichen religiösen und weltanschaulichen Horizonten – mehrere Wahrheitsansprüche nebeneinander stehen. Das bedeutet selbstverständlich, daß die Gesprächspartner einander als Personen »stehen lassen«. In dieser offenen Situation treffen Wahrheitsansprüche aufeinander, deren Vertreter sich gegenseitig – *Person*-Toleranz! – als Partner und Gegenüber achten und wertschätzen, im Wissen darum, daß das, was sie jeweils vertreten, konkurriert.

Entscheidend ist nun, daß sie sich nicht der Tyrannei der Intimität beugen und der Suggestion unterliegen, weil ja alle Dialog-Partner »religiös« seien – oder noch banaler: Weil sich ja alle freundlich und friedlich zueinander verhalten sollen, würden im Grunde auch alle dasselbe meinen, würde es sich letztlich um dieselbe Wahrheit handeln. Wer sich diesem Diktat der Nähe unterwirft, der bringt die einzelne Religion um das, was gerade sie kennzeichnet; der nimmt dem Partner am interreligiösen Dialog seine spezifische Würde, weil er ihn nicht fremd, anders und unverrechenbar sein läßt.

Eine andere Kränkung seiner Würde, mit Goethe gesprochen: eine Beleidigung, liegt vor, wenn die Konkurrenz in der Weise bestritten wird, daß ein Ausgleich für nicht mehr nötig, ein Ausgang nicht mehr erwartet wird. Es vertreten dann die verschiedenen Religionen keine konkurrierenden Wahrheitsansprüche, sondern Wahrheiten, die alle gleich gültig sind. Was so friedenstiftend und tolerant aussieht, hat aber bedenkliche Konsequenzen. Wo die gleiche Gültigkeit aller Positionen als Wahrheiten behauptet wird, da führt das letztendlich auch zur Gleichgültigkeit gegenüber der Frage, *was* denn nun »die Wahrheit« ist. Wo mir die in inhaltlicher Spannung zu meiner Position stehenden Auffassungen meines Gegenübers zu ebenso gültigen bzw. gleicherweise gültigen werden, da sind mir diese dann letztlich auch gleichgültig. Da fordern sie mich nicht mehr heraus. Da wird Dulden zum Beleidigen. Da wird freundliche Duldung letztlich zur indirekten Beleidigung und zur Geringschätzung sowohl der Person wie auch der Sache des anderen.

4. Konsequente »Sach-Toleranz« ist auf Dauer nicht lebbar

Goethe sagt nicht nur: Dulden heißt Beleidigen. Er fährt fort: »Toleranz kann immer nur eine vorläufige Haltung sein.« Sach-Toleranz ist auf Dauer nicht lebbar. Die Ungelöstheit fundamentaler Fragen ist für eine Gemeinschaft langfristig nicht tragbar. Wo wir klare Orientierung verweigern, drängen sich in das Vakuum extreme Positionen.

Unter diesem Gesichtspunkt ist zumindest zu fragen, woher die von der toleranten Öffentlichkeit so viel gescholtenen »fundamentalistischen«, in allen Hochreligionen[52] anzutreffenden, sich aber auch als weltanschauliche (und politische) Extrempositionen manifestierenden Haltungen rühren. Könnte eine in geschlossenen Weltanschauungsgemeinschaften anzutreffende Bunker- bzw. Abschottungsmentalität nicht ihrerseits Reaktion auf eine Überforderung sein? Diese ergibt sich für viele Menschen daraus, daß sie »alles stehen« und gelten lassen sollen. Viele wissen nicht mehr, woran sie sich halten sollen, wenn denn programmatisch gilt: anything goes. Auch wenn die Toleranzforderung ihrerseits geschichtlich als Reaktion auf Unduldsamkeit zu begreifen ist, so ist zu fragen, ob sie nicht genau diese Unduldsamkeit paradoxerweise weiter hervorbringt und fördert, wenn und wo sie das Orientierungs- und Wahrheitsbedürfnis des Menschen nicht ernst nimmt?[53]

Die moderne Verhaltensforschung und Biologie zeigen uns den Menschen als Orientierungswesen. Er ist nicht wie das Tier allein oder primär instinktgeleitet. Als weltoffenes Wesen sucht er Orientierung, braucht er Antworten auf die Fragen nach dem »Woher« und »Wohin«. Ein *institutionalisiertes* Offen-Halten der Wahrheitsfrage widerspricht diesen zentralen erkenntnistheoretischen und anthropologischen Einsichten.

Wiederum ist eine Grundunterscheidung unabdingbar, wenn man sich nicht auf falsche Alternativen versteifen will. Nicht die *Pluralität* als solche ist das Problem, sondern eine Ideologisierung dieser Pluralität zu einer nun ihrerseits weltanschaulichen Charakter besitzenden Super-Ideologie des *Pluralismus*. Nicht eine Pluralität von faktisch gegebenen und miteinander in Konkurrenz stehenden Religionen ist das Problem, sofern man dem Ratschlag von P. L. Berger[54] folgt und diese Vielfalt als Chance zur Profilierung und damit zu neuer Attraktivität begreift. Eine Pluralität verschiedener weltanschaulicher Konzeptionen und Wirklichkeiten bedroht die Orientierung des Menschen ja nicht, sondern fördert sie vielmehr, solange die Konzeptionen klares »Profil« bewahren![55] Problematisch ist also nicht Pluralität als solche, sondern eine Festschreibung dieser Pluralität zu einer weltanschaulichen Position. Problematisch ist nicht die Pluralität, also Vielfalt von miteinander konkurrierenden Wahrheitsansprüchen, wohl aber ein Wahrheitspluralismus, der eine Vielzahl von miteinander unvereinbaren Positionen als Wahrheit*en* (Plural!) für möglich hält und keine Notwendigkeit sieht, diese »Wahrheiten« als bloße Wahrheitsansprüche zu charakterisieren, die miteinander um die von ihnen zu unterscheidende und unterschiedene Wahrheit ringen müssen. Der dann vertretene Pluralismus beseitigt gerade die Konkurrenz der Wahrheitsansprüche und vergleichgültigt die Wahrheitsfrage unter dem scheinbar toleranten Vorzeichen der gleichen Gültigkeit aller vertretenen Positionen. Er nimmt damit dem Suchen nach Wahrheit, nach der Wahrheit jenseits der vielen Wahrheiten, die dann doch nicht mehr sein können als bloße Meinungen, jede Basis.

5. »Sach-Toleranz« leistet Extrempositionen Vorschub

Vielerorts ist die Rückkehr zu »einfachen« Lösungen, zur erschrek-
kenden Verehrung der »schrecklichen Vereinfacher« zu beobachten.
Das institutionalisierte Offen-Halten der Wahrheitsfragen ist daran
nicht unschuldig. Die weltanschauliche Superideologie des Pluralismus und der Gleich-Gültigkeit aller religiösen und ethischen Orientierungen können viele Menschen offenbar nicht mehr aushalten.
Die Folge ist eine Art intellektueller Kurzschluß. Wo die »neue Unübersichtlichkeit« (J. Habermas)[56] nicht mehr ausgehalten wird,
wird der einzelne schnell bereit, auf komplexes und differenzieren-
des Denken zu verzichten und sich durch das Angebot »einfacher«,
alles erklärender Orientierungsangebote verführen zu lassen. Die
sonst nicht zu begreifende Attraktivität von Psycho-, Jugend- und
anderen Sekten hat ihren Grund in diesem Orientierungsdefizit, das
auch durch ein *unreflektiertes* Toleranz-Postulat gefördert wird.

Eine Idealisierung der Pluralität zur weltanschaulichen Position
des Pluralismus leistet Extrempositionen aber noch in einer anderen
Weise Vorschub. Wenn eine unreflektierte Toleranz-Forderung über
die Massenmedien das Bewußtsein erzeugt, im Prinzip sei buchstäblich alles »denkbar«, müsse auch alles toleriert werden, dann werden
durch solche Verhaltensweisen natürlich auch skurrilen und obsku-
ren Positionen Tür und Tor geöffnet. Die Geister, die man rief, indem man durch das Programm des Pluralismus dem einen Geist der
einen Wahrheit den Abschied gab, dürfte man nun so schnell nicht
wieder loswerden.

Aber ist es wirklich »gleichgültig«, ob ich an die Materie oder an
die Menschenwürde, an einen in der Geschichte handelnden Gott
oder einen Baum-Geist glaube? Wer will dies im Ernst behaupten?
Bedeutet die Aufforderung zur Sach-Toleranz nicht letztlich die
Aufforderung zum Denkverzicht? Und können wir uns diesen Verzicht leisten? Schon der Todesbeschluß gegen Salman Rushdie hatte
manchen nachdenklichen Zeitgenossen zur Einsicht gebracht, daß
es gegenüber einer solchen Intoleranz keine Toleranz geben kann,
daß Toleranz also nicht einfach grenzenlos sein kann, sondern selbst
der Regeln bedarf; daß sie ein ethisch-weltanschauliches Fundament
braucht; daß das postmoderne »anything goes!« eben nicht alle ethi-

schen Probleme in Luft auflöst, sondern im Gegenteil nach einem
für alle gültigen ethischen (Wahrheits-)Rahmen fragen läßt; daß also gerade eine generalisierte, unbeschränkte Toleranz-Forderung
gegenüber den vielen individuellen »Wahrheiten« nach der überin-
dividuell gültigen Wahrheit – etwa über die Würde der Person – zu-
rückfragen läßt, die Person-Toleranz begründen und den Toleranz-
Gedanken überhaupt erst sinnvoll denken läßt.

6. »Sach-Toleranz« fördert ethische Gleichgültigkeit

Ausgerechnet in der »Emma«, einem den Traditionen der Aufklärung verpflichteten und sich für Toleranz, Emanzipation und
Selbstverwirklichung einsetzenden Blatt, haben vor kurzem Auto-
rinnen zu Intoleranz aufgerufen. Die Frauenzeitung »Emma« klagte
evangelische Theologen ob ihrer Toleranz gegenüber dem Islam an.
Aufgespießt wurde vor allem der von einem evangelischen Pfarrer
geäußerte Vorschlag, Christinnen und Christen sollten aus Solidarität mit ihren islamischen Schwestern ebenfalls Kopftücher tragen.
Wer fühlte sich bei dieser Toleranz, diesem »Schmusekurs« gegenüber einem zum Teil fanatischen islamischen Fundamentalismus
nicht erinnert an die Diagnose von Botho Strauß: »Intellektuelle
sind freundlich zum Fremden, nicht um des Fremden willen, sondern weil sie grimmig sind gegen das Unsere und alles begrüßen,
was es zerstört.«[57]
Ist es nicht oft tatsächlich ein verdeckter Selbsthaß, verbunden
mit dem Verlust der eigenen Identität, der liberale christliche Theologen zwar einerseits die eigene, angeblich »fundamentalistische«
Fraktion noch nicht einmal für dialogfähig hält, andererseits aber
solche Kopftuch-Kapriolen schlägt und darüber alle eigenen ethischen Maßstäbe vergißt?
Müssen sich wirklich Christen von anderen an ihre ureigensten
Werte erinnern lassen, die sie auch in der Begegnung mit anderen
Religionen nicht verleugnen dürfen? Die Kurdin Arzu Taker klagt
auch Christinnen an, wenn sie in der »Emma« schreibt: »Ihr also seid
tolerant . . . Ihr sucht das Gespräch mit den Fremden und habt natürlich Verständnis. Für alles . . . Jetzt endlich zeigt ihr Solidarität –
aber leider nicht mit mir, sondern mit dem, was ich bekämpfe: dem

Kopftuch« (als Symbol der Unterwerfung der Frau). »Wir sollen unter den Schleier gezwungen werden, und ihr zeigt Verständnis.« Ihr seid »tolerant, dem Fremden aufgeschlossen, um ›Gemeinsames‹ zu finden. Frauen im Namen der ›multikulturellen Freiheit‹ oder sogar im Namen des ›Feminismus‹. Wißt ihr wirklich, was ihr da tut?«[58]

Wiederum versagt ein Einheitsmodell des Dialogs der Religionen, dem alles gleich gültig, weil ja letztlich alles vorläufig und unvollkommen ist, und dem dann letztlich – in der logischen Konsequenz – auch alles gleichgültig sein muß. Wiederum sind Christen gefordert, einzustehen und festzustehen zu dem, was ihnen aufgetragen ist, als zwar nicht von allen geteilte, also zugegeben bloß partikulare Position, die aber dennoch mit einem universalen Anspruch auftritt. Christen sind gefordert, Nächstenliebe ungeteilt zu leben, weil sie ihnen von dem sich in der Geschichte offenbarenden Gott als universale Verantwortung für den Menschenbruder und die Menschenschwester aufgegeben ist. Die Erfahrung zeigt: Sach-Toleranz kann schnell zur Inhumanität führen, weil die These ethischer Gleich-Gültigkeit aller gegebenen Orientierungen und Verhaltensweisen (»Wer wollte hier urteilen und sich überheben?«) zur Gleichgültigkeit gegenüber dem verführt, was Menschen mit anderen Menschen tun.

7. Eine reflektierte »Intoleranz« ist geboten um der Menschenfreundlichkeit Gottes willen

Der dem christlichen Glauben gegenüber oft zum Ausdruck gebrachte Vorwurf der Intoleranz zielt ab auf mehr Humanität: »Laß den anderen stehen! Laß ihm sein Recht!« Demgegenüber sei hier noch einmal an eine notwendige Unterscheidung erinnert: Die Forderung nach Person-Toleranz ist völlig berechtigt, ja heute notwendiger und aktueller denn je. Sie ist von jedem Christen mitzutragen. Es wäre dagegen äußerst inhuman, *in Fragen von letzter Bedeutung* das zu verschweigen, was man selber als Hilfe, Ausweg, Rettung weiß. Sach-Toleranz, vornehmes Schweigen und distinguiertes Zurücknehmen der eigenen Position in Angelegenheiten auf Leben und Tod ist inhuman. Wenn es um Fragen von letzter Bedeutung geht, *muß* sich jeder einmischen, der helfen kann und Hilfe weiß.

Gerade aus Gründen der Humanität kann ein Christ nicht schweigen, weil er weiß: In Jesus Christus, nur in ihm, ist erschienen die Menschenfreundlichkeit Gottes (Titus 3,4).

d) Ausblick: Stolpersteine oder Bausteine des Dialogs?

Nicht Stolpersteine, sondern Bausteine sind gefragt. Aber gerade damit es auf der Baustelle des Lebensdialogs weitergehen kann, ist es notwendig, zunächst die Stolpersteine und Hindernisse echter Begegnung hinwegzuräumen. Gerade darum haben wir vor allem und zunächst über den Verzicht nachgedacht. Wir haben gesehen,

- daß es notwendig ist, auf den angemaßten und unheilvollen Gottesstandpunkt zu verzichten;
- daß es notwendig ist, auf Dialogregeln zu verzichten, die von vornherein entweder den einen oder den anderen Partner bevormunden und nicht ausreden lassen;
- daß es notwendig ist, auf das Feindbild von den Feindbildern zu verzichten und eine Angst vor dem Fremden zu bewältigen, die im Endeffekt das Fremde nicht mehr fremd, das andere nicht mehr anders sein lassen kann und will;
- daß es notwendig ist, auf einen unreflektierten Toleranz-Begriff zu verzichten; daß es nur weiterhilft, wenn zwischen Person und Verhalten, Liebe und Wahrheit, Person-Toleranz und Sach-Toleranz unterschieden wird.

Entgegen einem möglichen Mißverständnis geht es aber nicht darum, Hindernisse für den interreligiösen Dialog aufzubauen, sondern im Gegenteil diese zu beseitigen. Nüchternheit und Bescheidenheit sind dafür die zentralen Voraussetzungen: Nüchternheit im Hinblick auf die Möglichkeiten, diesen Dialog auf einen theoretischen Begriff zu bringen; Bescheidenheit im Hinblick auf die notwendigen Bedingungen, die der Christ als Christ für ein solches Unternehmen formuliert, die aber doch nun nicht deshalb falsch sind, weil sie spezifisch christlich sind und damit einen partikularen Charakter tragen:

(1) Interreligiöser Dialog wird nicht möglich durch eine philosophische Reflexion auf die Bedingungen der Möglichkeiten von Dia-

log. Er gelingt nicht im Sinne abstrakter Vor-Klärungen dessen, was Dialog, was Wahrheit, was Religion ist, auf die sich dann alle Dialog-Partner einzulassen hätten. Interreligiöser Dialog ist möglich und vollzieht sich dagegen faktisch und praktisch als Begegnung, hin und wieder auch als Konfrontation von Angehörigen verschiedener Religionen. Interreligiöser Dialog hat es darum nicht primär mit Aussagesystemen, sondern mit Menschen zu tun, die in ganz konkreten religiösen Wirklichkeiten leben und in ganz bestimmten Bindungen stehen.

(2) Interreligiöser Dialog kann sich nicht vollziehen unter Voraussetzung einer metaphysischen Einheit, die scheinbar universal ist, tatsächlich aber sich dem höchst partikularen Denken einzelner Dialogpartner verdankt. Notwendig ist nicht so sehr ein Dialog »*der Religionen*«, sondern eine Begegnung von *Menschen*, die voreinander über ihren »Glauben« sprechen. Möglich ist dieser Dialog nur im Wissen um die unterschiedlichen Positionen und im Aushalten der Gegensätze sowie im Austragen der unterschiedlichen religiösen Wirklichkeiten.

(3) Interreligiöser Dialog ist nur möglich in der Unterscheidung von Person- und Sach-Toleranz. Nur unter der Voraussetzung absoluter Persontoleranz und umgekehrt unbedingter Intoleranz in der Sache, kann es gelingen, die »Wahrheit in Liebe zu bekennen«. Maßgebend ist für den Christen das Evangelium von der Rechtfertigung des Gottlosen und die Grundunterscheidung von Sünde und Sünder. Nur wer sich an diese Unterscheidung rückbindet, diese zugleich mit seinem Leben bezeugt und in der Begegnung mit anderen Gestalt verleiht, kann als Christ in der Begegnung mit anderen Menschen seine Identität bewahren wie auch in der Liebe Christi einen Rahmen schaffen, der Dialog und Begegnung überhaupt erst ermöglicht. Denn nur dann weiß er zu unterscheiden zwischen der *Person*, der die ganze Zuwendung gilt, und ihren »Werken«, Lebensäußerungen und Orientierungen, die womöglich in strengem Gegensatz stehen zum christlichen Zeugnis und zur Erkenntnis der Wahrheit des lebendigen Gottes in Jesus Christus.

(4) Interreligiöser Dialog gerät von vornherein in eine Sackgasse, wo er sich positionell erschöpft; wo die Teilnehmer stehenbleiben bei der Formulierung eigener Positionen. Einen Ausweg aus der

Sackgasse stellt nicht ein wie immer gearteter Kompromiß auf der Ebene der Inhalte dar; ein Ausweg aus positioneller Verhärtung öffnet sich nur dort, wo nicht Theorien, sondern Menschen ins Gespräch kommen; wo nicht bloß Aussage-Systeme auf Gemeinsamkeiten und Unterschiede überprüft werden, wo vielmehr religiöse Wirklichkeiten in Konkurrenz zueinander treten; wo das Bekenntnis von Wahrheit sich dem Kriterium Nietzsches stellen muß, daß all die Wahrheitsbehauptungen Illusion sind, die nichts anderes darstellen als eine Bemühung um religiöse Selbst-behauptung. Demgegenüber gilt für Christen: Lebt und handelt in der Liebe, wie auch der Christus euch geliebt und sich selbst für uns hingegeben hat (Epheser 5,1-2).

Christliches Zeugnis für die Wahrheit darf sich nicht in der Artikulation von Bekenntnissen erschöpfen. Es muß einmünden in die Bereitschaft, sich mitsamt der ganzen Person einzusetzen und auch auszusetzen. Wo aber das Martyrium, das Bezeugen der Wahrheit, die Christus ist, sein Kriterium hat im Martyrium um der Liebe Christi willen, da sind Dialog und Mission dann auch keine Gegensätze mehr; da sind sie nicht bloß Elemente, die zu addieren wären; da werden sich Christen der letzten Einheit von Dialog und Mission bewußt, wenn sie um der Liebe Christi willen und in seiner Sendung bei dem Menschen, dem Nächsten, dem Fremden, selbst bei dem Feind und Gegner sind.

[1] P. L. Berger: Der Zwang zur Häresie. Religion in der pluralistischen Gesellschaft, Freiburg/Basel/Wien 1992.

[2] Vgl. Anm. 27.

[3] Vgl. Hilary Putnam: Reason, Truth and History, Cambridge 1981; dt. Vernunft, Wahrheit und Geschichte, Frankfurt a. M. 1982, 75ff; 105f; vgl. Richard Rorty: Philosophy and the Mirror of Nature, Princeton 1979, dt. Der Spiegel der Natur. Eine Kritik der Philosophie, Frankfurt a.M. 1987, 185ff.

[4] Vgl. etwa die Kritik am Essentialismus bei K. R. Popper (vgl. ders.: Die Zielsetzung der Erfahrungswissenschaft, in: ders.: Objektive Erkenntnis. Ein evolutionärer Entwurf, Hamburg 1974, im engl. Original: The Translation of Objective Knowledge, London 1972), die Destruktion aller Begründungsversuche durch H. Albert (vgl. Traktat über kritische Vernunft; Tübingen 1968 u. spätere Auflagen, 8-28) und die wissenschaftshistorisch arbeitende, eine breite Diskussion auslösende Infragestellung rationalen Erkenntnisfortschritts selbst in den Wissenschaften durch Th. S. Kuhn (The Structure of Scientific Revolutions, Chicago 1962, dt. Die Struktur wissenschaftlicher Revolutionen, Frankfurt a. M. 1973; vgl. zum Ganzen: H. Hempelmann: Kritischer Rationalismus und Theologie als Wissenschaft. Zur Frage nach dem Wirklichkeitsbezug des christlichen Glaubens, Wuppertal [2]1987).
Die entscheidende Infragestellung von Erkenntnisansprüchen vollzieht sich durch die moderne sprachphilosophische Relativierung aller – eben bloß scheinbar – abstrakten Aussagen hin auf ihre unüberholbar sprachliche und damit definitiv zeitbedingte Gestalt. Vgl. als Überblick: J. Simon: Sprachphilosophie, Freiburg/München 1981.

[5] R. Descartes: Meditationes de prima philosophia, AT Bd. VII, 12.

[6] Vgl. schon den programmatischen Titel von I. Kants erkenntnistheoretischem Hauptwerk: »Kritik (= Reinigung; Abgrenzung) der reinen Vernunft« (1781 (= A); 1787 (= B)).

[7] Vgl. H. und G. Böhme: Das Andere der Vernunft. Zur Entwicklung von Rationalitätsstrukturen am Beispiel Kants, Frankfurt a. M. 1985, v.a. Kap. IV und VII – J. G. Hamann spricht sehr anschaulich, den Anspruch einer reinen abstrakten Vernunft dekonstruierend von seinem in Königsberg lebenden Freund I. Kant als »der Vernunft aus Königsberg«! Vgl. zur Begründung O. Bayer: Zeitgenossenschaft im Widerspruch. Johann Georg Hamann als radikaler Aufklärer, München 1988, 187ff.

[8] Selbst da, wo sich eine Wissenschaft in einer abgehobenen, scheinbar erdenfernen und allgemeingültigen Terminologie bewegt (vgl. das Ideal der »Idealsprache«), ist es doch letztlich die erdgebundene, historisch bedingte Umgangssprache, in der die Bedeutung dieser Terme angegeben werden muß. Die unpräzise Alltagssprache ist und bleibt immer die Metasprache aller noch so ideal sein sollender wissenschaftlicher Objektsprachen.

[9] Für griechisches Erkenntnisstreben ist »das Erkennen des Guten und des Bösen« nichts Negatives, sondern im Gegenteil etwas Erstrebenswertes, ja die Bedingung der Möglichkeit von Ethik. Das Hybride und Verwerfliche erschließt sich erst, wenn man die Aussageweise an das sie hervorbringende spezifisch hebräisch-biblische Denken zurückgibt. Wie der hebräische Dual das Ganze durch die

Nennung der Gegensätze ausdrückt (so stehen »Himmel und Erde« für das Ganze des Kosmos), so bezeichnen auch »das Gute und das Böse« den Bereich des ganzen, gesamten Erkenntnis- und Handlungsfeldes (»erkennen« hebr. für »umgehen mit«).

Das Erkennen von Gut und Böse ist, wie es ja schon der Zusammenhang von 1. Mose 3,5 nahelegt, eine Präzisierung dessen, was es heißt, Gott sein zu wollen. »Was die Schlange in Aussicht stellt, ist also weniger eine Ausweitung des Erkenntnisvermögens als jene Eigenmächtigkeit, die es dem Menschen verstattet, über das ihm Heilsame oder Schädliche selbst zu entscheiden« (Gerhard von Rad: Das erste Buch Mose. Genesis, neunte überarbeitete Auflage, Göttingen 1972, 63; ATD 2-4). Es ist erkenntnistheoretisch das Heraustreten aus der den Menschen bestimmenden Relation zu Gott: das selbst Gott sein wollen.

[10] Vgl. H. Burkhardt: Ein Gott in allen Religionen? Wiederkehr der Religiosität – Chance und Gefahr, Gießen/Basel 1993, 18-29; ders.: Ein Gott in allen Religionen: Zur Diskussion um den interreligiösen Dialog, idea-Dokumentation 3/1993, 4ff.

[11] H. Küng: Projekt Weltethos; München 1990 und spätere Auflagen, 113.125.

[12] W. Schlichting: Zeitlassen statt Gewährenlassen. Warum Toleranz noch nicht Demut ist, in: porta 49, Marburg 1991, (19-25) 21.

[13] Küng: Projekt Weltethos, 113.

[14] Auf dem von der Pfarrergebetsbruderschaft (PGB) und dem Amt für missionarische Dienste der Evang. Kirche in Württemberg veranstalteten Theologischen Intensivseminar zum Thema »Interreligiöser Dialog – wohin?« (Bad Urach, 12.-15. Mai 1994) teilte Pfarrer U. Luig, Berlin, mit, er habe als Missionar in Afrika eine Kultur kennengelernt, die Zwillinge lebendig begrub.

Was für eine abendländische Kultur ein Akt unmenschlicher Barbarei darstelle, sei für die Angehörigen der betreffenden Stammes-Kultur aber ein Signum, ja eine Bedingung ihres Mensch-Seins. Da Zwillinge ihrer Auffassung nach die Grenze zwischen Tier und Mensch verwischten (!), gehöre es zum Menschsein, die Zwillinge an die Mutter Erde zurückzugeben.

Wer meint, sich moralisch empören zu können und die Überlegenheit unserer aufgeklärten Kultur und ihrer Werte propagieren zu sollen, sei nicht nur an unseren Umgang mit ungeborenem menschlichen Leben erinnert; der bedenke auch die Diskussion um den Hirntod, der trotz massiver Zweifel vor allem aus wirtschaftlichen, buchstäblichen »Verwertungsinteressen« von denen als verantwortbare Definition des Endes eines menschlichen Lebens festgehalten wird, die den menschlichen Körper – auch nach seinem »Tod« – als lebendes Ersatzteillager ausbeuten wollen können (vgl. Johannes Hoff/Jürgen in der Schmitten (Hrsg.): Wann ist der Mensch tot? Reinbek bei Hamburg, 1994; Detlef Linke: Hirnverpflanzung, Reinbek bei Hamburg, 1994; dazu den Bericht im SPIEGEL 24/1994, S. 212-216 (Im Vorzimmer des Todes)).

[15] Sämtliche Werke. Historisch-kritische Ausgabe von J. Nadler, Bd. III Schriften über Sprache, Mysterien, Vernunft; Wien 1951, 352,25f.

[16] Hier ist die Problematik der abstrakten Forderung nach einem »methodischen Atheismus«, also einer nicht positionellen Gottesleugnung, sondern nur methodologischen Zurückstellung der Gottesfrage exemplarisch deutlich. Vgl. Hempelmann: Wissenschaft und Atheismus – eine notwendige Verbindung? in: Glaube und Denken. Jahrbuch der Karl-Heim-Gesellschaft Bd. 6, 1993, S. 95-137, bes. 125ff.

[17] Auf die Zusammenhänge zwischen dem Profil eines biblischen Erkenntnis- und Vernunftbegriffs, wie er sich durch die Semantik der biblischen Schriften ergibt, und modernen erkenntnisanthropologischen Einsichten habe ich in zwei Artikeln hingewiesen: Art. Erkenntnis, in: Das große Bibellexikon, hrsg. von H. Burkhardt u.a., Wuppertal/Gießen 1989, Bd. I, 325-332; Art. Vernunft, Verstand, ebd., Bd. 3 1991, 1635-1637.

[18] Einerseits ist etwa das Apostolische Glaubensbekenntnis eine selbstverständlich gültige Zusammenfassung und Summe unseres Glaubens an den dreieinigen Gott; andererseits gilt ebenso selbstverständlich, daß es nur ein notwendiger, aber kein hinreichender Bestandteil unseres Glaubens ist; daß darum diese Formulierungen, wenn sie recht verstanden werden, immer über sich hinausweisen auf die Wirklichkeit, die in ihnen nicht einfach da ist (sonst würde »als Christ glauben« eben bloß heißen, das Apostolische Glaubensbekenntnis zu sprechen), die sie vielmehr nur bezeugen und nur ganz »unbefriedigend« abbilden können. (Zum philosophisch-hermeneutischen Begriff »unbefriedigend« vgl. vom Vf.: »Gott ein Schriftsteller!« Johann Georg Hamann über die End-Äußerung Gottes ins Wort der Heiligen Schrift und ihre hermeneutischen Konsequenzen, Wuppertal 1988, 61-64.)

[19] In der neueren Wissenschaftstheorie unterscheidet man zwischen Bewahrheitung (Verifikation) und Bewährung. Nachdem die vor allem vom logischen Positivismus und von Teilen der frühen analytischen Philosophie projektierten Modelle der Bestimmung wissenschaftlicher als total verifizierbarer Aussagen gescheitert sind, zielt man heute wesentlich bescheidener auf bloße, immer nur vorläufig gültige Bewährung ab. Eine endgültige Bewahrheitung im Sinne einer Rückführung von wissenschaftlichen Theorien auf Empirie ist u.a. auch deshalb nicht möglich, weil auch noch so viele empirisch feststellbare, aber doch immer nur endlich viele einzelne Ereignisse einer Sorte nicht zeigen können, daß sich alle Ereignisse aller Zeiten an allen Orten genauso verhalten, verhalten haben, verhalten werden oder verhalten würden (sog. Induktionsproblem). Der kritische Rationalismus K. R. Poppers setzt an die Stelle des vergeblichen Bemühens um Verifikation darum das Streben nach Falsifikation der gängigen Theorie. Wissenschaftlicher Fortschritt ergibt sich nur im Prozeß ständiger Widerlegung unzureichender und der Aufstellung verbesserter Theorien. (Vgl. Hempelmann: Art. Empirismus, in: ELThG Bd. 1, 1992, 490f (Lit.); Siegfried Scharrer: Theologische Kritik der Vernunft, Tübingen 1970, Kap. 3; Wolfgang Stegmüller: Probleme und Resultate der Wissenschaftstheorie und Analytischen Philosophie, Bd. 2 Theorie und Erfahrung, Berlin/Heidelberg/New York 1970, Kap. III und X.)
»Bewährt« ist eine Theorie in diesem Sinne dann, wenn sie bis dato allen Widerlegungsversuchen widerstanden hat, alle bekannten Phänomene integrieren kann und so als tragfähig erweist.
Die Kategorie der Bewährung eignet sich zur Qualifikation christlicher Wahrheitsansprüche, weil sie (a) ernst macht mit Unabgeschlossenheit und Unabschließbarkeit der Erkenntnis in der Zeit, theologisch gesprochen mit dem Stückwerkcharakter aller Erkenntnis (vgl. 1. Korinther 13,9.12), (b) den Anspruch auf Wahrheit aber auch im Rahmen einer unübersichtlichen Erkenntnislage und nach dem Verzicht auf den Gottesstandpunkt festhält sowie (c) schließlich den eschatologischen Vorbehalt ernst nimmt und mitbedenkt, daß die Wahrheit erst am Ende, am Tag des »ökumenischen« Offenbarwerdens der Herrschaft und Herrlichkeit Gottes, universal evident und »unbestreitbar« bewährt und dann

erst im strengen Sinn verifiziert sein wird. (Vgl. zur Begründung und als Entfaltung H. Hempelmann: Kritischer Rationalismus und Theologie als Wissenschaft. Siehe Anm. 4, 285ff.)

[20] Vgl. R. Bernhardt: Der Absolutheitsanspruch des Christentums. Von der Aufklärung bis zur pluralistischen Religionstheologie, zweite durchgesehene Auflage Gütersloh 1994, 11ff.

[21] Ders.: Einführung, in: ders. (Hrsg.): Absolutheit des Christentums, mit Beiträgen von Otto Michel, Carl H. Ratschow, Peter Beyerhaus, Dettingen/Erms 1974, 1f. – H. Burkhardt gibt im Anschluß an Martin Kähler zu bedenken, ob hier nicht mit dem »Begriff des ›Absoluten‹ eine der Heiligen Schrift fremde Tradition idealistischer Philosophie aufgenommen« wird. Steht die Redeweise von der Absolutheit des Christentums nicht im Gegensatz zur inkarnationstheologischen Grundlegung des alle Absolutheit ablegenden Gottes (vgl. Philipper 2,5ff)? Muß die trinitarische Kondeszendenz (Herabneigung) Gottes dann nicht aber Konsequenzen für die theologische Methodologie haben, die eben die Wahrheit nicht abstrakt und absolut, abgelöst und jenseits von der Geschichte sucht, sondern *in* ihr? Zur Sache vgl. H. Hempelmann: Toleranz und Wahrheit. Die Einzigartigkeit Jesu Christi und das Problem der Toleranz, Stuttgart 1994 (AMD; Heft 126), 3f. – Zur Geschichte des Begriffs vgl. R. Bernhardt, a.a.O. Bernhardt verzichtet aber interessanterweise auf jede inkarnationstheologisch rückgebundene Kritik des Begriffs.

[22] Das Christentum als denkende Religion, in: ders.: Von den Wandlungen Gottes. Beiträge zur systematischen Theologie. Zum 75. Geburtstag hrsg. von Ch. Keller-Wentorf und M. Repp, Berlin/New York 1986, (3-23) 19 (Hervorhebung durch Heinzpeter Hempelmann).

∫ 32 [23] Zit. n. F. Kraus (Hrsg.): Vom Geist des Mahatma. Ein Gandhi-Brevier, Baden-Baden 1957, 189 (Angabe nach: G. Schweizer: Ungläubig sind immer die anderen. Weltreligionen zwischen Toleranz und Fanatismus, Stuttgart 1990, 204).

[24] Zit. n. W. Durant: Das Vermächtnis des Ostens, Bern 1956, 547 (Angabe nach: G. Schweizer: Ungläubig sind immer die anderen, 211).

[25] Es bestätigt sich hier die zunächst sehr hart erscheinende Auskunft des Religionswissenschaftlers C. H. Ratschow: »Es ist nicht wahr, daß es Religionen, wie z.B. den Hinduismus gebe, die alles verstehen und alles für recht halten, was man dann Toleranz nennt. Die Religionen denken gar nicht daran. Auch Gandhi oder die modernen Hinduheiligen haben nicht daran gedacht. (. . .) Die Behauptung, die indischen Religionen seien tolerant, das Christentum dagegen nicht, ist sowohl religionsgeschichtlich wie religionsphilosophisch ein Ammenmärchen« (Das Christentum unter den Weltreligionen. Unterscheidung und Wahrheit, in: H. Burkhardt (Hrsg.): Absolutheit des Christentums, (42-87) 63).

[26] Zit. n. H. Ch. Meiser: Ramakrishna. Ausgewählte Texte, München 1986, 70 (Angabe nach G. Schweizer: Ungläubig sind immer die anderen, 206).

[27] Vgl. P. Knitter: No Other Name? A Critical Survey of Christian Attitude Towards the World Religions. London 1985; dt. Ein Gott – viele Religionen. Gegen den Absolutheitsanspruch des Christentums, München 1988. Vgl. kritisch H. Burkhardt: Ein Gott in allen Religionen?, 60ff.

[28] Vgl. E. Drewermann: Milomaki oder vom Geist der Musik. Eine Mythe der Yahuna-Indianer, Olten ²1992, 7-9. Die Einführung, die Drewermann seiner Auslegung dieser Mythe voranstellt, hat insofern programmatischen Rang, als er in ihr in sehr grundsätzlicher und ungeschützter Weise seine Sicht der Einheit aller Re-

ligionen oder besser: alles Religiösen bestimmt. Das Fremde erscheint bei ihm ebenso in Anführungsstrichen, ist also ebenso eine uneigentliche Größe, wie »Mission«, »Unglauben«, »heidnisch« etc. Alles das kann es eigentlich gar nicht geben.

[29] H. Küng: Projekt Weltethos, 114.119 u.ö.

[30] Ebd., 109.111.120. – G. Schneider moniert mit Recht ein weit verbreitetes, sich allgemein menschlich gebendes, in Wahrheit die christliche Tradition mit dem Humanum identifizierendes Dialog-Modell, wenn er vor »liberalen« Vereinnahmungen warnt: »Ein Muslim, Hindu oder Buddhist wird seine Religion wenig verstanden fühlen, falls etwa ein Liberaler voll guten Willens argumentiert, in den fremden Glaubensinhalten sei auch viel Wertvolles enthalten (. . .). Der Liberale hebt auf diese Weise all jene Denkmodelle, Moralvorstellungen und Traditionen lobend hervor, die sich für ihn ohne größeren Widerstand in den christlich abendländischen Werthorizont einbeziehen lassen, er unterschlägt aber alles, was ihm an der fremden Religion unverständlich bleibt, was seiner christlich vorgefaßten Perspektive entgegensteht« (Schneider, Ungläubig sind immer die anderen, 327). Man ist lebhaft erinnert an Küngs, an christlich-abendländischen Traditionen gebildetes und orientiertes Kriterium des wahrhaft Menschlichen, mit dem dieser auch innerhalb der fremden Religionen zwischen gut und böse, wahr und falsch bestens zu trennen weiß.

[31] Es fällt auf, daß in jüngster Zeit gleich zwei Fachleute vor einer Dialog-Euphorie warnen und die Problematik eines Dialog-Modells aufzeigen, das auf Einheit setzt und darüber die Verschiedenartigkeit und Fremdheit des jeweils anderen zu übersehen droht. Ausgerechnet G. Schneider als Autor, der in seinem Buch dezidiert für Toleranz eintritt, formuliert als Resümee programmatisch: »Die Aufforderung nach weltumspannender Toleranz quer durch alle Religionen und Weltanschauungen muß verpuffen, wenn ihre Vordenker (. . .) eine Gemeinsamkeit propagieren, die es nicht so geben kann: Glaubensinhalte, die von allen geglaubt und verstanden werden; Traditionen, die von allen gleichermaßen als sinnvoll oder schädlich erkannt sind. Eine Vielfalt also, die zwar noch unterschiedliche Denkrichtungen und Glaubensformen anerkennt, diese aber doch für den globalen Allgemeingebrauch zurechtgestutzt hat. Eine universale Harmonie also, in der es letztlich nichts Fremdes, nichts Unverstandenes, nichts Unakzeptierbares mehr gibt (. . .). Alles verstehen, alles dulden, nichts mehr wirklich ablehnen müssen. Eine solche Zukunftsvision, die im ersten Augenblick etwas Verführerisches an sich hat, setzt voraus, daß alle Religionen und Weltanschauungen sich letztlich ergänzen, nur verschiedene Teile sind und sich bei geschicktem Arrangement nahtlos zu einem Ganzen zusammenfügen. Aber gerade dieses Konzept scheitert an der widersprüchlichen, äußerst komplexen Realität der Kulturen und Religionen.« (329f; Hervorhebung von mir)
Der Islamist Tilman Nagel warnt seinerseits vor der Vorstellung, daß »Dialog«, jegliches »Miteinanderreden« als solches schon »eine heilbringende Handlung« darstelle. Er fürchtet »das vorschnelle, in der Regel irreführende Aufzeigen von Parallelen oder Ähnlichkeiten«: »Der Eifer (. . .), möglichst viele Gemeinsamkeiten zwischen den Weltreligionen zu finden und zu erfinden, um durch oberflächliche Harmonisierung Spannungen abzubauen, ist mir ein Greuel – er zeugt von einer nicht einmal gut verhüllten Mißachtung aller fremden Glaubensformen, von einem unerträglichen Unernst. Wichtiger und heilsamer ist es, die Andersartigkeit des fremden Glaubens zu erkennen und auch anzuerkennen.« (Geschichte

der islamischen Theologie von Mohammed bis zur Gegenwart, München 1994, 11; Hervorhebung von mir.)

[33] Vgl. Küng, Projekt Weltethos, 111.

[34] Der Freiburger Psychologe F. Buggle wirft Küng genau dies vor, daß der auch von ihm festgehaltene Kreuzestod Jesu als Mitte des christlichen Gottesglaubens den von Küng sonst vertretenen Humanitätsstandards nicht entspreche. (Denn sie wissen nicht, was sie tun. Oder warum man redlicherweise nicht mehr Christ sein kann. Eine Streitschrift, Reinbek bei Hamburg, 1992, 205ff.) In der Sache wohl zurecht! Es zeigt sich: Man muß wissen, was man tut, wenn man Aussagesysteme und Überzeugungen, die sich auf eine letzte Autorität berufen, an nicht systemimmanenten Kriterien mißt.

[35] Es ist kein Zufall, sondern in der Sache begründet, daß dieses Anders-Sein des groß geschriebenen Anderen nirgendwo so sehr im Mittelpunkt steht wie bei dem jüdischen, aus biblischem Denken schöpfenden Religionsphilosophen E. Levinás. Vgl. E. Levinás: Die Spur des Anderen. Untersuchungen zur Phänomenologie und Sozialphilosophie, Freiburg/München 1986; zur Würdigung: H. H. Henrix: Verantwortung für den Anderen und die Frage nach Gott. Zum Werk von Emmanuel Levinás, Aachen 1984.

[36] E. Zuther: Ein neues Feindbild, in: Evang. Verantwortung 4/1991, 9.

[37] Der Betroffenheitskult. Eine politische Sittengeschichte, Berlin 1993, 47.

[38] Ebd. – Was der amerikanische Soziologe Richard Sennett für den politischen Bereich als »Tyrannei der Intimität« beschrieb (The Fall of Public Man, New York 1974; dt. Verfall und Ende des öffentlichen Lebens. Die Tyrannei der Intimität, Frankfurt a. M. 1983), findet seine direkte Parallele im kirchlichen Bereich und als meist unausgesprochene, dafür aber um so wirksamere Forderung für das interreligiöse Gespräch. Wie anders ließe es sich erklären, daß sofort als Außenseiter, sofort unter einem Legitimationszwang steht, wer der suggestiven Parole entgegentritt: Wir glauben doch alle an denselben Gott!

[39] Sennett, Verfall und Ende, 295.

[40] Vgl. zum folgenden H. Burkhardt, Ein Gott in allen Religionen?, 71ff; Hempelmann: Toleranz und Wahrheit, 18-23.

[41] Vgl. F. Nietzsche: Zur Genealogie der Moral, Zweite Abhandlung, Abschnitt 12, in: KSA (Sämtliche Werke. Kritische Studienausgabe, hrsg. von G. Colli, M. Montinari, München – Berlin/New York, 1980) Bd. 5, 315.

[42] Jenseits von Gut und Böse, KSA Bd. 5, (9-243) 27.

[43] Aus dem Nachlaß der Achtziger Jahre, Schlechta Bd. III, 895f.

[44] Zur Genealogie der Moral, 314f.

[45] Vgl. M. Heidegger: Nietzsche Bd. 1, Pfullingen 1961, 508-516.

[46] Zu den praktischen Konsequenzen vgl. H. Burkhardt: Ein Gott in allen Religionen? 82.

[47] Vgl. die umfassendere Analyse in meinem Art. Erkennen/Erkenntnis (s. Anm. 17).

[48] Zit. n. Burkhardt: Ein Gott in allen Religionen, 78.

[49] Vgl. bei Küng, Projekt Weltethos, 129, die Unterscheidung zwischen »Außen- und Innenperspektive«, die dem Wahrheitsanspruch biblischer Zeugnisse nur scheinbar gerecht wird, ihm faktisch aber einen Maulkorb umhängt, indem sie die Exklusivität Jesu nur ad intra, nur »für mich« als Christen (129), gelten läßt.

[50] Vgl. F. Nietzsche: Genealogie der Moral, 313-316. Es ist überaus bezeichnend, daß der Philologe Nietzsche den literaturwissenschaftlichen Begriff der Interpreta-

tion benutzt, um die Lebensäußerungen des Menschen als »Wille zur Macht« zu bezeichnen. »Der Wille zur Macht interpretiert« (aus dem Nachlaß der Achtziger Jahre, in: F. Nietzsche: Werke, hrsg. von K. Schlechta, Bd. III, 489). Interpretationen, eigene Begriffe vom anderen, beruhen auf in der Sache gewalttätigen Akten, die dann zur Herrschaft gelangen, also gelten, wenn der andere, der interpetiert wird, sich nicht gegen solche Begriffe wehren kann.

51 Maximen und Reflexionen, in: Goethes Werke, hrsg. von R. Petsch, Bd. 14, 1932, 875.

52 Vgl. G. Kepel: Die Rache Gottes. Radikale Christen, Moslems und Juden auf dem Vormarsch, München 1991.

53 Vgl. meinen Beitrag: »Toleranz und Wahrheit«. Der »Taumel der Moderne« als Krise und Chance missionarischer Verkündigung, in: Gemeindedienst-Infos, Stuttgart November 1992, (4-7) 4f.

54 Vgl. seinen Vortrag auf der vierten Tagung der achten EKD-Synode in Osnabrück, November 1993: »Pluralistische Angebote: Kirche auf dem Markt: »Es sollte (. . .) nachdenklich machen, daß sich gerade die Frühkirche in einer pluralistischen Situation befunden hat. Es scheint ihr nicht geschadet zu haben!« Zwar gilt: »Die pluralistische Dynamik (. . .) untergräbt die Selbstverständlichkeit« der Überzeugungen der Kirche, aber »gerade dieser Verlust der Selbstverständlichkeit eröffnet die Möglichkeit des Glaubens!« (Tagungsprotokoll, Anlage Nr. 2 zum Beschluß Nr. 9, S. 8; im Original hervorgehoben)

55 Vgl. zur Auseinandersetzung mit dem Wahrheitspluralismus meine Studie: Gemeindegründung als Herausforderung für die Kirche heute und als Modell für die Kirche von morgen; Gießen/Basel 1996, Teil A.

56 Vgl. ders.: Die neue Unübersichtlichkeit, Kleine politische Schriften Bd. V, Frankfurt a.M. 1985, Kap. V.

57 Anschwellender Bockgesang, in: DER SPIEGEL, 1993 / H. 6 (202-206) 203.

58 EMMA, Juli/August 1993, 38.